.... 님께

이 책을 드립니다.

년   월   일

이 경전을 선물 받으신 분은

최소한 **3번** 사경하시고

108번 독송하시고

50명에게 전하시어

무량공덕 지으시기 바랍니다.

아미타불

석가모니불

법화경 설법지 영축산, 라즈기르
Gridhrakuta Mountain, Rajgir

法華三部經

無量義經
佛說觀普賢菩薩行法經

삼귀의례
三歸依禮

귀의불 양족존
歸依佛 兩足尊

거룩한 부처님께 귀의합니다.

귀의법 이욕존
歸依法 離欲尊

거룩한 가르침에 귀의합니다.

귀의승 중중존
歸依僧 衆中尊

거룩한 스님들께 귀의합니다.

들어가는 말

"선남자야, 이와 같이 심히 깊고 위없는 대승의 무량의경은 글뜻이 참되고 바르며 존귀하여 다시 더할 바가 없느니라.
삼세의 모든 부처님께서 함께 수호하시는 바이니, 여러 마군들이 도를 얻어 들어오지 못하며 일체의 사견과 생사에서 이를 무너뜨리지 못하리라. 그러므로 선남자야, 보살마하살이 만일 속히 무상보리를 이룩하고자 하면 마땅히 이와 같이 심히 깊고 위없는 대승의 무량의경을 닦고 배울지니라."

법화삼부경(法華三部經)은 무량의경(無量義經), 묘법연화경(妙法蓮華經), 관보현보살행법경(觀普賢菩薩行法經)의 3부로 구성되어 있다.
무량의경(無量義經)은 법화삼부경의 개경(開經)으로, 석존께서는 무량의경을 설하신 후 무량의처삼매에 드시고 그로부터 묘법연화경의 설법이 시작된다.
묘법연화경을 배우기 이전에 먼저 무량의경을 읽는 이유는 지금까지의 모든 교설, 즉 화엄(華嚴), 아함(阿含), 방등(方等), 반야(般若) 등의 교설을 통일하여 우주의 실상을 밝히고 그것을 활성화하여 실천토록 함으로써 인류가 살아가야 할 좌표를 제시 하는 기초가 되기 때문이다.
이 무량의경에서 석존께서는 '지금까지 40여 년간 이러한 목적과 순서에 따라 이와 같은 법을 설해 왔다.'고 말씀하신 후, '사실은 아직 진실을 완전히 밝히지 않았다. 그러나 지금까지 설한 가르침도 모두 진실한 것이며 모두 중요하다. 왜냐하면 모든 가르침은 오직 하나의 진리(一法)에서 나왔기 때문이다.'라고 설하셨는데, 이것이 곧 '무량의'라는 가르침이다.
그 후, 석존께서는 마침내 진실경(眞實經)인 총 28품으로 구성된 묘법연화경(妙法蓮華經)을 설하셨다.
적문(迹門)과 본문(本門)이라는 큰 틀에서, 적문(迹門)에서는 적불(迹佛)의 가르침을 통해 인간은 참다운 지혜에 눈뜨고 그 지혜에 입각해서 노력하지 않으면 안 된다는 가르침을 주셨고, 본문(本門)에서는 본불(本佛)이 우주의 모든 것을 살리는 진리의 근본생명, 영원한 수명을 가진 부처님(無量壽佛)임을 밝히셨다.

마지막에 법화경의 끝맺음으로 결경(結經)인 관보현보살행법경(觀普賢菩薩行法經), 줄여서 관보현경(觀普賢經)을 설하셨다.
관보현경(觀普賢經)은 내용상 참회경(懺悔經)이라고도 한다.
관보현보살(觀普賢菩薩)이란, '보현보살(普賢菩薩)을 관(觀)한다.' 라는 관법(觀法)의 하나로, 보현보살의 덕(德)을 응시하고 한 가지에 정신을 집중하고 있는 가운데 마침내 부처님의 깨달음에 확정되어 흔들림이 없게 되는 것을 말한다.
관보현경(觀普賢經)에서 설해지는 참회(懺悔)는 부처님께 우리의 죄를 드러내어 고백하고 뉘우치며 고치겠다고 맹세하는 것에 의해서 우리들의 불성(佛性)을 닦아서 완성하는 행법(行法)이다.

십삼년 전에 초판 된 법화삼부경(法華三部經)과 법화경(法華經), 최근에 펴낸 법화삼부경강설(法華三部經講說)에 이어 이번에는 묘법연화경(妙法蓮華經)을 방송법문을 하면서 접한 많은 불자님들께서 〈무량의경〉과 〈관보현경〉을 너무 어렵게만 생각하시기에 조금이라도 쉽게 이해하는데 도움을 드리고자 하는 마음에서 「무경의경·불설관보현보살행법경」을 내놓게 되었습니다.

아무쪼록 우리 모두가 믿음의 글(信書)이며 수행서(修行書), 포교서(布敎書)인 법화경을 수지(受持)하고, 독(讀)·송(誦)·해설(解說)·서사(書寫)하는 수행을 통해 법화경을 세상에 널리 알리는 일이 부처님의 은혜에 보답하고 성불(成佛)에 이르는 길임을 항상 마음에 새기고 발심하여 수행정진하시길 발원합니다.

끝으로 이 책이 나오기까지 애써주신 도서출판 염화미소 편집부의 노고에 깊이 감사드립니다.

불기 2567년 초봄에

정혜선원 선원장 서장 호연 합장

目　次

무량의경 (無量義經)

제1장 · 덕행품 (德行品) ··· 8

제2장 · 설법품 (說法品) ··· 28

제3장 · 십공덕품 (十功德品) ································· 50

불설관보현보살행법경 ·· 83
(佛說觀普賢菩薩行法經)

無量義經

무량의 경

無量義經 德行品 第一

如是我聞하노라
여시아문

一時에 **佛**이 **住王舍城耆闍崛山中**하사 **與大比丘衆 萬二**
일시 불   주왕사성기사굴산중   여대비구중 만이

千人俱하시고 **菩薩摩訶薩八萬人**과 **天龍夜叉乾闥婆阿修**
천인구   보살마하살팔만인   천용야차건달바아수

羅와 **迦樓羅緊那羅摩睺羅伽**와 **諸比丘比丘尼**와 **及優婆塞**
라   가루라긴나라마후라가   제비구비구니   급우바새

優婆夷俱하시며 **大轉輪王**과 **小轉輪王金輪 銀輪 諸輪之王**
우바이구   대전륜왕   소전륜왕금륜 은륜 제륜지왕

國王과 **王子**와 **國臣國民**과 **國士國女 國大長者**와 **各與**
국왕   왕자   국신국민   국사국녀 국대장자   각여

眷屬百千萬數가 **而自圍遶**하고 **來詣佛所**하여 **頭面禮足**하고
권속백천만수   이자위요   내예불소   두면예족

遶百千帀하며 **燒香散華**하여 **種種供養已**하고 **退一面坐**하니라
요백천잡   소향산화   종종공양이   퇴일면좌

其菩薩名曰文殊師利法王子와 **大威德藏法王子 無憂藏**
기보살명왈문수사리법왕자   대위덕장법왕자 무우장

法王子 大辯藏法王子 彌勒菩薩 導首菩薩 藥王菩薩 藥
법왕자 대변장법왕자 미륵보살 도수보살 약왕보살 약

上菩薩 華幢菩薩 華光幢菩薩 陀羅尼自在王菩薩 觀世
상보살 화당보살 화광당보살 다라니자재왕보살 관세

音菩薩 大勢至菩薩 常精進菩薩 寶印首菩薩 寶積菩薩
음보살 대세지보살 상정진보살 보인수보살 보적보살

무량의경 제일. 덕행품

이와 같이 나는 들었다.

어느 때 부처님께서 왕사성의 기사굴산에 계실 적에 큰 비구들 일만이천 인과 함께 하시고, 보살마하살 팔만 인과 하늘천신·용·야차·건달바·아수라·가루라·긴나라·마후라가와 모든 비구·비구니·우바새·우바이도 함께 하셨으며, 대전륜왕·소전륜왕·금륜·은륜·모든 윤왕 등과 국왕·왕자·대신·국민·선비·여인 큰 장자와 각각의 권속 백천만의 수가 스스로 둘러싸고 부처님께 나아가 머리를 조아려 발에 예배하고 백천 번을 돌며, 향을 사르고 꽃을 뿌리면서 갖가지로 공양을 마치고 물러서 한쪽에 앉았다.

그 보살들의 이름은 문수사리법왕자·대위덕장법왕자·무우장법왕자·대변장법왕자·미륵보살·도수보살·약왕보살·약상보살·화당보살·화광당보살·다라니자재왕보살·관세음보살·대세지보살·상정진보살·보인수보살·보적보살·

寶杖菩薩 越三界菩薩 毗摩跋羅菩薩 香象菩薩 大香象
보장보살 월삼계보살 비마발라보살 향상보살 대향상
菩薩 師子吼王菩薩 師子遊戲世菩薩 師子奮迅菩薩 師
보살 사자후왕보살 사자유희세보살 사자분신보살 사
子精進菩薩 勇銳力菩薩 師子威猛伏菩薩 莊嚴菩薩 大
자정진보살 용예력보살 사자위맹복보살 장엄보살 대
莊嚴菩薩이니 如是等菩薩摩訶薩八萬人俱하시니라
장엄보살 여시등보살마하살팔만인구
是諸菩薩은 莫不皆是 法身大士니 戒定慧解脫과 解脫知
시제보살 막불개시 법신대사 계정혜해탈 해탈지
見之所成就니라 其心禪寂하여 常在三昧하며 恬安澹泊하여
견지소성취 기심선적 상재삼매 염안담박
無爲無欲이라 顚倒亂想이 不復得入하며 靜寂淸澄하고 志玄
무위무욕 전도란상 불부득입 정적청징 지현
虛漠이라
허막
守之不動億百千劫하며 無量法門이 悉現在前이라 得大智
수지부동억백천겁 무량법문 실현재전 득대지
慧하여 通達諸法하고 曉了分別性相眞實하되 有無長短을
혜 통달제법 효료분별성상진실 유무장단
明現顯白이라
명현현백
又善能知諸根性欲하며 以陀羅尼無礙辯才로 諸佛轉法輪을
우선능지제근성욕 이다라니무애변재 제불전법륜
隨順能轉이라 微渧先墮하여 以淹欲塵하고 開涅槃門하여
수순능전 미제선타 이엄욕진 개열반문
扇解脫風하여 除世惱熱하고 致法淸涼이라
선해탈풍 제세뇌열 치법청량

보장보살·월삼계보살·비마발라보살·향상보살·대향상보살·사자후왕보살·사자유희세보살·사자분신보살·사자정진보살·용예력보살·사자위맹복보살·장엄보살·대장엄보살 등이니, 이와 같은 보살마하살 팔만 인이 함께 하였다.

이 모든 보살들은 모두 법신대사이니 계·정·혜·해탈과 해탈지견을 성취하였다.

그 마음은 선정으로 고요하고 항상 삼매에 있어 편안하고 담박해서 집착과 욕심이 없었다. 뒤바뀌고 어지러운 생각이 다시 들어오지 못하며, 고요하고도 맑고 뜻이 심오해서 항상 넓고 편안하였다.

억백천 겁을 지키되 움직이지 않았고 한량없는 법문이 모두 앞에 나타나 있었다.

큰 지혜를 얻어 모든 법을 통달하고, 성과 상의 진실을 밝혀 분별하되, 있고 없는 것과 길고 짧은 것을 밝게 나타나게 하였다.

또한 모든 근기와 성품과 욕망을 잘 알며, 다라니와 걸림 없는 변재로써 모든 부처님의 법륜 굴리신 것을 따라 굴렸다.

작은 물방울을 먼저 떨어뜨려 욕망의 먼지를 씻어주고, 열반의 문을 열어 해탈의 바람을 일으켜서 세상의 뜨거운 고통을 없애고 청량한 법에 이르게 하였다.

次降甚深十二因緣하여 用灑無明老病死等의 猛盛熾然苦
차강심심십이인연　　용쇄무명노병사등　　맹성치연고

聚日光하고 爾乃洪注無上大乘하여 潤漬衆生諸有善根하고
취일광　　이내홍주무상대승　　　윤지중생제유선근

布善種子하여 遍功德田하여 普令一切發菩提萌이라
포선종자　　변공덕전　　보령일체발보리맹

智慧日月이요 方便時節이라 扶疏增長大乘事業하여 令衆疾
지혜일월　　방편시절　　부소증장대승사업　　　영중질

成 阿耨多羅三藐三菩提하여 常住快樂하며 微妙眞實無量
성 아뇩다라삼먁삼보리　　　상주쾌락　　미묘진실무량

大悲로 救苦衆生이라
대비　구고중생

是諸衆生의 眞善知識이며 是諸衆生의 大良福田이라 是諸
시제중생　진선지식　　시제중생　　대량복전　　시제

衆生의 不請之師이며 是諸衆生의 安隱樂處이며 救處護處이며
중생　불청지사　　시제중생　　안온락처　　구처호처

大依止處라
대의지처

處處에 爲衆生作大良導師大導師라 能爲衆生盲而作眼目
처처　위중생작대량도사대도사　　능위중생맹이작안목

하고 聾劓瘂者作耳鼻舌하여 諸根毀缺하면 能令具足하며 顚
　　 농의아자작이비설　　　제근훼결　　능령구족　　전

狂荒亂이라도 作大正念하리라 船師大船師이시라 運載群生하고
광황란　　　작대정념　　　선사대선사　　　운재군생

度生死河하여 置涅槃岸이라
도생사하　　치열반안

醫王大醫王이시라 分別病相하고 曉了藥性하여 隨病授藥하여
의왕대의왕　　　분별병상　　효료약성　　　수병수약

다음에는 심히 깊은 십이인연의 법을 내려 무명·노·병·사 등의 맹렬히 타는 고통의 덩어리를 햇빛으로 씻고, 이에 크고도 넓은 위없는 대승을 기울여 중생들의 모든 선근을 윤택하게 적셔주고, 착한 종자를 뿌려 공덕의 밭에 두루 펴서 널리 일체로 하여금 보리의 싹을 트게 하였다.

지혜는 일월과 같고 방편은 시절이라, 대승의 사업을 북돋아 더 자라나게 하고, 중생들로 하여금 아뇩다라삼먁삼보리를 속히 이룩하여 항상 즐겁게 살며 미묘한 진실과 한량없는 대비로 괴로운 중생들을 구하였다.
이들은 모든 중생의 참된 선지식이며, 이들은 모든 중생의 크고도 좋은 복전이며, 이들은 모든 중생의 청하지 않은 스승이며, 이들은 모든 중생의 편안하고 즐거운 곳이며, 구원하는 곳이며 보호하는 곳이며 크게 의지할 곳이다.
곳곳마다 중생을 위하는 크고 어진 도사가 되며 인도하는 큰 스승이라, 능히 눈먼 중생을 위해서 눈이 되고, 귀머거리 코 머거리 벙어리에게는 귀와 코와 혀가 되어 모든 근이 허물어지면 그들로 하여금 구족하게 하며, 잘못되어 미치광이처럼 거칠고 산란할지라도 크고 올바른 생각을 가지게 한다.
배의 스승이며 큰 배의 사공이시라, 모든 중생을 싣고 생사의 강을 건너 열반의 언덕에 이르게 한다.
의왕이며 대의왕이시라, 병의 상을 분별하고 약의 성품을 환히 알아서 병에 따라 약을 주어 중생으로 하여금

令衆樂服이라 調御大調御이시라 無諸放逸行이라 猶如象馬
영중악복   조어대조어   무제방일행   유여상마
師가 能調無不調하고 獅子勇猛이 威伏衆獸하여 難可沮壞라
사   능조무부조   사자용맹   위복중수   난가저괴
遊戲菩薩諸波羅蜜하고 於如來地堅固不動하며 安住願力하여
유희보살제바라밀   어여래지견고부동   안주원력
廣淨佛國하여 不久得成阿耨多羅三藐三菩提리라 是諸菩
광정불국   불구득성아뇩다라삼먁삼보리   시제보
薩摩訶薩은 皆有如斯不思議德이니라
살마하살   개유여사부사의덕
其比丘名曰大智舍利弗 神通目犍連 慧命須菩提 摩訶
기비구명왈대지사리불 신통목건련 혜명수보리 마하
迦旃延 彌多羅尼子富樓那 阿若憍陳如 天眼阿那律 持
가전연 미다라니자부루나 아야교진여 천안아나율 지
律優婆離 侍者阿難 佛子羅雲 優波難陀 離波多 劫賓那
율우바리 시자아난 불자라운 우바난타 이바다 겁빈나
薄拘羅 阿周陀 莎伽陀 頭陀大迦葉 優樓頻螺迦葉 伽耶
박구라 아주타 사가타 두타대가섭 우루빈나가섭 가야
迦葉 那提迦葉이니 如是等比丘萬二千人은 皆阿羅漢으로
가섭 나제가섭   여시등비구만이천인   개아라한
盡諸結漏하여 無復縛著眞正解脫이라 爾時에 大莊嚴菩薩
진제결루   무부박착진정해탈   이시   대장엄보살
摩訶薩이 遍觀衆坐各定意已하고 與衆中八萬菩薩摩訶薩
마하살   변관중좌각정의이   여중중팔만보살마하살
俱로 從坐而起하여 來詣佛所하여 頭面禮足하고 遠百千帀하며
구   종좌이기   내예불소   두면예족   요백천잡
燒散天華天香하고 天衣天瓔珞과 天無價寶珠가 從上空中
소산천화천향   천의천영락   천무가보주   종상공중

약을 먹게 한다.

조어이며 큰 조어사이시라, 모든 것에 방일된 행이 없으니, 마치 코끼리나 말을 길들이는 조교사처럼 능히 길들여 길들이지 못하는 것이 없고, 사자의 용맹한 위엄이 뭇 짐승들을 조복시켜서 꺾이지 않는 것이 없음과 같다.

보살의 모든 바라밀에 유희하고 여래의 경지에서 견고하여 움직이지 않으며, 원력에 편안히 머물러 널리 부처님 나라를 깨끗하게 하여 오래지 않아 아뇩다라삼먁삼보리를 이룩하여 얻으리라. 이 모든 보살마하살은 모두 이와 같은 부사의의 덕이 있었다.

그 비구들의 이름은 큰 지혜의 사리불 · 신통의 목건련 · 혜명 수보리 · 마하가전연 · 미다라니의 아들 부루나 · 아야교진여 · 천안의 아나율 · 지계의 우바리 · 시자의 아난 · 부처님의 아들 라운 · 우바난타 · 이바다 · 겁빈나 · 박구라 · 아주타 · 사가타 · 두타의 대가섭 · 우루빈나가섭 · 가야가섭 · 나제가섭 등 이와 같은 비구 일만이천 인은 모두 아라한으로서 모든 번뇌를 다하여 다시는 집착에 결박이 없는 진정한 해탈인이었다.

그때 대장엄보살마하살이 대중이 자리에 앉아 각각 뜻을 정하고 있는 것을 두루 살피고, 대중 가운데에 팔만의 보살마하살과 함께 자리에서 일어나 부처님께 나아가 머리를 조아려 발에 예배하고 백천 번을 돌며 하늘의 꽃을 뿌리고 하늘의 향을 사르고, 하늘의 옷과 하늘의 영락과 하늘의 값이 없는 보

旋轉來下하되 四面雲集하여 而獻於佛하며 天廚天鉢器에 天
선전래하   사면운집   이헌어불   천주천발기   천
百味充滿盈溢이라 見色聞香하면 自然飽足이라
백미충만영일   견색문향   자연포족
天幢天幡과 天軒蓋天妙樂具를 處處安置하고 作天伎樂하여
천당천번   천헌개천묘악구   처처안치   작천기악
娛樂於佛하고 卽前胡跪合掌하고 一心俱共同聲으로 說偈讚
오락어불   즉전호궤합장   일심구공동성   설게찬
言하였다
언

　　大哉大悟大聖主시여　　無垢無染無所著이라
　　대 재 대 오 대 성 주　　무 구 무 염 무 소 착
　　天人象馬調御師시여　　道風德香薰一切하며
　　천 인 상 마 조 어 사　　도 풍 덕 향 훈 일 체

　　智恬情泊慮凝靜하여　　意滅識亡心亦寂하니
　　지 염 정 박 려 응 정　　의 멸 식 망 심 역 적
　　永斷夢妄思想念하여　　無復諸大陰入界라
　　영 단 몽 망 사 상 념　　무 부 제 대 음 입 계

　　其身非有亦非無하며　　非因非緣非自他하고
　　기 신 비 유 역 비 무　　비 인 비 연 비 자 타
　　非方非圓非短長하며　　非出非沒非生滅하고
　　비 방 비 원 비 단 장　　비 출 비 몰 비 생 멸

배구슬이 공중에서 빙빙 돌면서 내려와 사방에서 구름처럼 모인 것을 부처님께 받들어 올리며, 하늘 부엌의 하늘 그릇에 하늘의 백 가지 맛있는 음식을 가득히 채워 담으니, 빛을 보고 향기를 맡으면 저절로 배가 불렀다.
하늘 깃대에 하늘 깃발을 날리고, 하늘의 헌개와 하늘의 묘한 악기를 곳곳에 두고 하늘의 기악을 울려 부처님을 즐겁게 해 드리고, 곧 부처님 앞에 나아가 무릎을 꿇고 합장하며 일심으로 소리를 맞추어 게송으로 찬탄하였다.

훌륭하셔라, 크게 깨달으신 대성주이시여
때 없고 물듦 없고 집착도 없으시네.
하늘과 사람과 상마를 길들이는 스승이시여
도의 바람 덕의 향기 일체에 스며들게 하시며

지혜는 밝고 정은 맑고 생각은 고요하여
뜻도 멸하고 분별도 없고 마음 또한 적멸하니
영원히 꿈같은 망상의 생각을 끊어
다시는 사대 · 오음 · 십이입 · 십팔계 없으시네.

그 몸은 있지도 아니하고 또한 없지도 아니하며
인도 아니고 연도 아니며 나도 남도 아니며
모나지도 않고 둥글지도 않고 짧거나 길지도 아니하며
나오지도 않고 숨지도 않고 생하지도 멸하지도 아니하며

非造非起非爲作하며 非坐非臥非行住하고
비조비기비위작 비좌비와비행주

非動非轉非閑靜하며 非進非退非安危하고
비동비전비한정 비진비퇴비안위

非是非非非得失하며 非彼非此非去來하고
비시비비비득실 비피비차비거래

非靑非黃非赤白하며 非紅非紫種種色이라
비청비황비적백 비홍비자종종색

戒定慧解知見生하며 三昧六通道品發하고
계정혜해지견생 삼매육통도품발

慈悲十力無畏起하시고 衆生善業因緣出이라
자비십력무외기 중생선업인연출

示爲丈六紫金暉하시고 方整照曜甚明徹하시며
시위장육자금휘 방정조요심명철

毫相月旋項日光하시고 旋髮紺靑頂肉髻시라
호상월선항일광 선발감청정육계

淨眼明鏡上下眴하시고 眉睫紺舒方口頰하시며
정안명경상하순 미첩감서방구협

脣舌赤好若丹華하시고 白齒四十猶珂雪하시며
순설적호약단화 백치사십유가설

만드는 것도 일으키는 것도 아니고 만들게 되는 것도 아니며
앉은 것도 누운 것도 아니고 다니는 것도 머무르는 것도 아니며
움직이는 것도 구르는 것도 아니고 한가하고 고요한 것도 아니며
나아가는 것도 물러서는 것도 아니고 편안하지도 위태롭지도
아니하며

옳은 것도 그른 것도 아니고 얻지도 잃지도 아니하며
저것도 이것도 아니고 가지도 오지도 아니하며
푸르지도 누르지도 않고 빨갛지도 희지도 아니하며
붉은빛도 보랏빛도 아니고 여러 가지 빛깔도 아니네.

계 · 정 · 혜 · 해탈 · 지견에서 나며
삼매 · 육통 · 도품에서 일으키고
자비 · 십력 · 무외에서 일어나며
중생의 선업의 인연에서 나오시네.

열여섯 자 붉은 금빛으로 빛나는 몸 보이시고
곧고 바르고 밝게 비치시 심히 명철하시며
백호상은 둥근 달과 같으시고 뒷덜미는 햇살처럼 빛나시며
말린 머리카락 감청색이고 정수리엔 살상투가 돋았네.

맑은 눈은 거울과 같아 위아래로 깜박이시고
감색 눈썹은 길게 자라고 입과 뺨은 단정하시며
입술과 혀는 붉은 꽃과 같으시고
흰 치아 사십 개는 마치 흰 눈과 같네.

額廣鼻脩面門開하시고　胸表卍字獅子臆이시라
액 광 비 수 면 문 개　　　흉 표 만 자 사 자 억

手足柔軟具千輻하시고　腋掌合縵內外握하시며
수 족 유 연 구 천 폭　　　액 장 합 만 내 외 악

臂脩肘長指直纖하시고　皮膚細軟毛右旋하시며
비 수 주 장 지 직 섬　　　피 부 세 연 모 우 선

踝膝露現陰馬藏하시고　細筋鏁骨鹿膊脹하시며
과 슬 노 현 음 마 장　　　세 근 쇄 골 녹 박 창

表裏映徹淨無垢하사　濁水莫染不受塵이시라
표 리 영 철 정 무 구　　　탁 수 막 염 불 수 진

如是等相三十二이시고　八十種好似可見이시라
여 시 등 상 삼 십 이　　　팔 십 종 호 사 가 견

而實無相非相色이라　一切有相眼對絕이요
이 실 무 상 비 상 색　　　일 체 유 상 안 대 절

無相之相有相身이요　衆生身相相亦然이라
무 상 지 상 유 상 신　　　중 생 신 상 상 역 연

이마는 넓고 코는 높고 길며 얼굴은 거룩하시고
가슴에는 만자가 나타나고 사자의 가슴이시라
손과 발은 부드럽고 일천 개의 수레바퀴 무늬가 있고
겨드랑이와 손바닥이 부드러워 안팎이 잘 잡히네.

팔뚝은 길고 손가락은 곧고 가늘며
피부는 곱고 부드러우며 털은 오른쪽으로 말려 있으며
복사뼈와 무릎은 모양좋게 나타나고 음장은 말처럼 감춰져 있고
힘줄은 가늘고 뼈는 튼튼하며 다리는 사슴과 같으시네.

안팎이 다 밝게 비치어 때도 없으며
진흙탕에도 물들지 않고 티끌도 붙지 못하네.
이와 같은 상이 삼십이상이시고
팔십종호도 다 같이 보기 좋으리라.

실제로는 상이나 상이 아니므로 빛도 없고
일체의 상이 있음은 눈이 초월하지 못함이요
상이 없는 상으로서 상이 있는 몸이요
중생의 몸의 상도 또한 그러하네.

能令衆生歡喜禮하고　　投心表敬誠慇懃이라
능 령 중 생 환 희 례　　　투 심 표 경 성 은 근
因是自高我慢除로　　　成就如是妙色軀시라
인 시 자 고 아 만 제　　　성 취 여 시 묘 색 구

今我等八萬之衆은　　　俱皆稽首咸歸命하여
금 아 등 팔 만 지 중　　　구 개 계 수 함 귀 명
善滅思想心意識하신　　象馬調御無著聖이니
선 멸 사 상 심 의 식　　　상 마 조 어 무 착 성

稽首歸依法色身과　　　戒定慧解知見聚니이다
계 수 귀 의 법 색 신　　　계 정 혜 해 지 견 취
稽首歸依妙種相하나이다　稽首歸依難思議하나이다
계 수 귀 의 묘 종 상　　　계 수 귀 의 난 사 의

梵音雷震響八種으로　　微妙淸淨甚深遠이라
범 음 뇌 진 향 팔 종　　　미 묘 청 정 심 심 원
四諦六度十二緣을　　　隨順衆生心業轉이시라
사 제 육 도 십 이 연　　　수 순 중 생 심 업 전
若有聞莫不意開니　　　無量生死衆結斷이리라
약 유 문 막 불 의 개　　　무 량 생 사 중 결 단

有聞或得須陀洹과　　　斯陀阿那阿羅漢과
유 문 혹 득 수 다 원　　　사 다 아 나 아 라 한
無漏無爲緣覺處와　　　無生無滅菩薩地하며
무 루 무 위 연 각 처　　　무 생 무 멸 보 살 지

능히 중생으로 하여금 환희로 예배하게 하고
마음 다해 공경함을 나타내어 정중함을 이루게 하시네.
스스로 높이는 아만을 없애신 인연으로
이와 같은 묘색의 몸을 성취하셨네.

지금 저희들 팔만 대중은 모두 함께 머리 숙여
훌륭하게 사 · 상 · 심 · 의식을 잘 멸하신
상마조어의 집착 없는 성인께 귀명하나이다.

머리 숙여 법신과 색신과 계 · 정 · 혜 · 해탈 · 해탈지견을
성취하신 분께 귀의하나이다.
머리 숙여 묘종상에 귀의하나이다.
머리 숙여 난사의에 귀의하나이다.

맑은 음성 우레처럼 여덟 가지 소리로 퍼져나가니
미묘하고 청정하며 심히 깊고 멀다네.
사제 · 육도 · 십이인연을 중생의 심업에 따라 굴리시니
만일 들으면 마음이 열리지 않을 수 없으니
한량없는 생사의 매듭 끊으리라.

어떤 이는 듣고 수다원 · 사다함 · 아나함 · 아라한과와
번뇌 없고 함이 없는 연각의 경계와
나지도 멸하지도 않는 보살지를 얻으며

或得無量陀羅尼와　　無礙樂說大辯才하여
혹 득 무 량 다 라 니　　무 애 요 설 대 변 재
演說甚深微妙偈하고　　遊戲澡浴法清渠하며
연 설 심 심 미 묘 게　　유 희 조 욕 법 청 거
或躍飛騰現神足하고　　出沒水火身自由라
혹 약 비 등 현 신 족　　출 몰 수 화 신 자 유

如來法輪相如是하여　　清淨無邊難思議라
여 래 법 륜 상 여 시　　청 정 무 변 난 사 의
我等咸復共稽首하여　　歸命法輪轉以時니
아 등 함 부 공 계 수　　귀 명 법 륜 전 이 시
稽首歸依梵音聲이라　　稽首歸依緣諦度하나이다
계 수 귀 의 범 음 성　　계 수 귀 의 연 제 도

世尊往昔無量劫에　　勤苦修習衆德行하사
세 존 왕 석 무 량 겁　　근 고 수 습 중 덕 행
爲我人天龍神王하사　　普及一切諸衆生이라
위 아 인 천 용 신 왕　　보 급 일 체 제 중 생

能捨一切諸難捨의　　財寶妻子及國城하시고
능 사 일 체 제 난 사　　재 보 처 자 급 국 성
於法內外無所悋하시며　　頭目髓腦悉施人이시라
어 법 내 외 무 소 린　　두 목 수 뇌 실 시 인

혹은 한량없는 다라니와 걸림 없는 요설대변재를 얻어
심히 깊고 미묘한 게송을 연설하고
유희해서 법의 청정한 못에서 목욕하고
혹은 뛰고 날아서 신족을 나타내며
물과 불에 들어가고 나오되 몸은 자유롭네.

여래의 법륜상은 이와 같아
청정하고 가없고 생각하기도 어렵다네.
저희들 모두 다시 한번 머리 숙여
법륜을 굴리실 때에 귀명하나이다.
머리 숙여 맑은 음성에 귀의하나이다.
머리 숙여 십이인연·사제·육도 법문에 귀의하나이다.

세존께서 지난 과거 한량없는 겁에
마음과 몸을 다해 여러 가지 덕행을 닦고 익히시어
저희들 사람과 천신과 용과 신왕을 위해
널리 모든 중생에게 미치도록 하셨네.

능히 버리기 어려운 온갖 것을 버리시니
재보와 처자와 나라와 성을 버리시고
법의 안팎에도 아끼는 바 없으시며
머리와 눈과 골수를 모두 남에게 보시하셨네.

奉持諸佛淸淨禁하되 乃至失命不毀傷하며
봉지제불청정금   내지실명불훼상

若人刀杖來加害하고 惡口罵辱終不瞋하며
약인도장래가해   악구매욕종부진

歷劫挫身不倦惰하고 晝夜攝心常在禪하며
역겁좌신불권타   주야섭심상재선

遍學一切衆道法하여 智慧深入衆生根이라
변학일체중도법   지혜심입중생근

是故今得自在力하여 於法自在爲法王이시라
시고금득자재력   어법자재위법왕

我復咸共俱稽首하여 歸依能勤諸難勤이니이다
아부함공구계수   귀의능근제난근

【 無量義經 德行品 終 】

모든 부처님의 청정한 계율을 받들어 가지되
목숨을 잃을지라도 깨뜨리지 아니하며
만일 어떤 이가 칼과 몽둥이로 해를 입히고
나쁜 말로 꾸짖고 욕해도 끝까지 성내지 아니하며

여러 겁에 몸이 부서지더라도 게으름 내지 아니하고
밤낮으로 마음 가다듬어 선정에 들었으며
두루 일체의 모든 도법을 배워서
지혜는 깊이 중생의 근기에 들어갔네.

그러므로 지금 자재한 힘을 얻어서
법에 자재하여 법왕이 되셨음이라
저희들 모두가 머리 숙여
능히 모든 행하기 어려움을 행하심에 귀의하나이다.

無量義經 說法品 第二

爾時에 **大莊嚴菩薩摩訶薩**이 **與八萬菩薩摩訶薩**로
이 시　 대장엄보살마하살　　여팔만보살마하살

說是偈讚佛已하고 **俱白佛言**하되
설 시 게 찬 불 이　　구 백 불 언

世尊이시여 **我等八萬菩薩之衆**은 **今者欲於如來法中**에
세 존　　아 등 팔 만 보 살 지 중　　금 자 욕 어 여 래 법 중

有所諮問하나이다 **不審世尊**이시여 **垂愍聽不**하리까
유 소 자 문　　　불 심 세 존　　　수 민 청 부

佛告 大莊嚴菩薩과 **及八萬菩薩言**하시되
불 고 대 장 엄 보 살　 급 팔 만 보 살 언

善哉善哉라 **善男子**여 **善知是時**로다 **恣汝所問**하라 **如來不**
선 재 선 재　 선 남 자　 선 지 시 시　　자 여 소 문　　여 래 불

久當般涅槃하리니 **涅槃之後**에 **普令一切無復餘疑**하리라
구 당 반 열 반　　　열 반 지 후　 보 령 일 체 무 부 여 의

欲何所問고 **便可說之**하라
욕 하 소 문　 변 가 설 지

於是에 **大莊嚴菩薩**이 **與八萬菩薩**로 **即共同聲**으로 **白佛言**하되
어 시　 대장엄보살　　여팔만보살　　즉 공 동 성　　　백 불 언

世尊이시여 **菩薩摩訶薩**이 **欲得疾成阿耨多羅三藐三菩提**면
세 존　　　보 살 마 하 살　 욕 득 질 성 아 뇩 다 라 삼 먁 삼 보 리

應當修行何等法門이니이까 **何等法門**이 **能令菩薩摩訶薩疾**
응 당 수 행 하 등 법 문　　　　하 등 법 문　 능 령 보 살 마 하 살 질

成阿耨多羅三藐三菩提이니까
성 아 뇩 다 라 삼 먁 삼 보 리

무량의경　제이.설법품

그때 대장엄보살마하살이 팔만의 보살마하살과 함께 이렇게 게송으로 부처님을 찬탄하고 나서 부처님께 사뢰었다.
"세존이시여, 저희들 팔만 보살대중은 지금 여래의 법 가운데서 여쭙고자 하는 것이 있나이다. 어찌하오리까, 세존께서 불쌍히 여기시어 들어 주시겠나이까."
부처님께서 대장엄보살과 팔만 보살들에게 말씀하시되,
"착하고 착하다. 선남자야, 이 때를 잘 알았도다. 너희들 뜻대로 물어라. 여래는 오래지 않아 마땅히 열반에 들게 되리니, 열반한 후 널리 일체로 하여금 다 의심이 없게 하리라. 무엇을 묻고자 하는가, 곧 말하라."
이에 대장엄보살이 팔만 보살과 함께 소리를 맞추어 부처님께 사뢰었다.
"세존이시여, 보살마하살이 아뇩다라삼먁삼보리를 속히 이룩하여 얻고자 하면 마땅히 어떠한 법문을 닦고 행하여야 하나이까. 어떠한 법문이 능히 보살마하살로 하여금 속히 아뇩다라삼먁삼보리를 이룩하게 하나이까."

佛告大莊嚴菩薩과 及八萬菩薩言하시되
불고대장엄보살 급팔만보살언

善男子여 有一法門하니 能令菩薩疾得成阿耨多羅三藐三
선남자 유일법문 능령보살질득성아뇩다라삼먁삼

菩提니라 若有菩薩學是法門者는 則能得阿耨多羅三藐三
보리 약유보살학시법문자 즉능득아뇩다라삼먁삼

菩提리라
보리

世尊이시여 是法門者는 號字何等이며 其義云何며 菩薩云何
세존 시법문자 호자하등 기의운하 보살운하

修行하나이까
수행

佛言하사되
불언

善男子야 是一法門은 名爲無量義니라 菩薩欲得修學無量
선남자 시일법문 명위무량의 보살욕득수학무량

義者는 應當觀察一切諸法이 自本來今으로 性相空寂하여
의자 응당관찰일체제법 자본래금 성상공적

無大無小하며 無生無滅하며 非住非動하며 不進不退하며 猶
무대무소 무생무멸 비주비동 부진불퇴 유

如虛空하여 無有二法이니라
여허공 무유이법

而諸衆生은 虛妄橫計하여 是此是彼하며 是得是失하며 起不
이제중생 허망횡계 시차시피 시득시실 기불

善念하여 造衆惡業하고 輪廻六趣하여 受諸苦毒하여 無量億
선념 조중악업 윤회육취 수제고독 무량억

劫에 不能自出이라
겁 불능자출

부처님께서 대장엄보살과 팔만 보살에게 말씀하셨다.
"선남자야, 한 법문이 있으니 능히 보살로 하여금 속히 아뇩다라삼먁삼보리를 이룩하여 얻게 하느니라. 만일 보살이 이 법문을 배우면 곧 능히 아뇩다라삼먁삼보리를 얻으리라."
"세존이시여, 그 법문의 이름은 무엇이며, 그 뜻은 어떠하며, 보살이 어떻게 닦고 행하나이까."

부처님께서 말씀하셨다.
"선남자야, 이 법문의 이름은 '무량의'라 하느니라. 보살이 무량의를 닦고 배워서 얻고자 하면 마땅히 이렇게 관찰할지니, 일체의 모든 법은 본래부터 지금까지 성품과 모양이 공적하여 큰 것도 없고 작은 것도 없으며, 나는 것도 없고 멸하는 것도 없으며, 머무르지도 않고 움직이지도 아니하며, 나아가지도 않고 물러서지도 않으며, 마치 허공과 같이 두 가지의 법이 없느니라.
그러나 모든 중생은 허망하게 잘못 헤아려서 이를 이것이라 하고 이를 저것이라 하며, 이를 얻었다 이를 잃었다고 하며, 착하지 못한 생각을 일으켜 여러 가지 악업을 지어 육취에 윤회하며 모든 독한 괴로움을 받아서 한량없는 억겁에 스스로 벗어나지 못하느니라.

菩薩摩訶薩은 如是諦觀하여 生憐愍心하고 發大慈悲하여
보살마하살   여시체관   생연민심   발대자비
將欲救拔하며 又復深入一切諸法이니라
장욕구발   우부심입일체제법
法相如是하여 生如是法하고 法相如是하여 住如是法하며
법상여시   생여시법   법상여시   주여시법
法相如是하여 異如是法하고 法相如是하여 滅如是法하며
법상여시   이여시법   법상여시   멸여시법
法相如是하여 能生惡法하고 法相如是하여 能生善法하며
법상여시   능생악법   법상여시   능생선법
住異滅者도 亦復如是니라
주이멸자 역부여시
菩薩은 如是觀察四相始末하고 悉遍知已하고 次復諦觀一
보살   여시관찰사상시말   실변지이   차부체관일
切諸法은 念念不住하며 新新生滅하고 復觀卽時生住異滅하라
체제법   염념부주   신신생멸   부관즉시생주이멸
如是觀已하고 而入衆生諸根性欲이니라 性欲無量故로 說法
여시관이   이입중생제근성욕   성욕무량고   설법
無量하니라 說法無量故로 義亦無量하니라
무량   설법무량고   의역무량
無量義者는 從一法生하며 其一法者는 卽無相也라 如是無
무량의자   종일법생   기일법자   즉무상야   여시무
相은 無相不相이니라 不相無相을 名爲實相이니라
상   무상불상   불상무상   명위실상
菩薩摩訶薩은 安住如是眞實相已하여 所發慈悲는 明諦不
보살마하살   안주여시진실상이   소발자비   명제불
虛하리라
허

보살마하살은 이와 같이 밝게 관하여 불쌍히 여기는 마음과 큰 자비심을 내어 구해 내고자 하며, 또다시 깊이 일체의 모든 법에 들게 하느니라.

법의 모양이 이와 같아서 이러한 법을 내며, 법의 모양이 이와 같아서 이러한 법에 머무르며, 법의 모양이 이와 같아서 이러한 법을 다르게 하며, 법의 모양이 이와 같아서 이러한 법을 멸하게 하며, 법의 모양이 이와 같아서 능히 악한 법을 내며, 법의 모양이 이와 같아서 능히 착한 법을 내나니, 머무르게 되는 것도 다르게 되는 것도 멸하게 되는 것도 또다시 이와 같으니라.
보살은 이와 같이 네 가지 모양의 처음과 끝을 관하여 살피고 모든 것을 두루 안 다음에는 일체의 모든 법이 생각 생각에 머무르지 않고 새로이 새로이 나고 멸하는 것을 밝게 관하고, 또 곧 나고 머무르고 달라지고 멸하는 것을 관하라.
이렇게 관하고서 중생들의 모든 근기와 성품과 욕망에 들어갈지니, 성품과 욕망이 한량없는 까닭에 설법도 한량이 없고, 설법이 한량이 없으므로 그 뜻 또한 한량이 없느니라.
무량의는 하나의 법에서 나며, 그 하나의 법은 곧 무상이니라. 이와 같은 무상은 상이 없고 상이 아니니라. 상이 아니며 상이 없음을 실상이라고 하느니라.

보살마하살이 이와 같은 진실한 상에 편안히 머물면서 일으키는 자비는 밝고 밝아서 헛되지 아니하리라.

於衆生所眞能拔苦라 苦旣拔已하고 復爲說法하여 令諸衆生
어 중생소 진능 발고　고 기 발 이　　부 위 설 법　　영 제 중생

受於快樂하느니라
수 어 쾌 락

善男子여 菩薩若能如是修 一切法門無量義者는 必得疾
선 남 자　보 살 약 능 여 시 수 일 체 법 문 무 량 의 자　　필 득 질

成 阿耨多羅三藐三菩提리라
성 아 뇩 다 라 삼 먁 삼 보 리

善男子여 如是甚深無上大乘無量義經은 文理眞正하고 尊
선 남 자　여 시 심 심 무 상 대 승 무 량 의 경　문 리 진 정　　존

無過上이니라 三世諸佛의 所共守護니 無有衆魔群道得入하여
무 과 상　　삼 세 제 불　소 공 수 호　무 유 중 마 군 도 득 입

不爲一切邪見生死之所壞敗리라 是故善男子여 菩薩摩訶
불 위 일 체 사 견 생 사 지 소 괴 패　　시 고 선 남 자　보 살 마 하

薩이 若欲疾成無上菩提면 應當修學 如是甚深 無上大乘
살　약 욕 질 성 무 상 보 리　응 당 수 학　여 시 심 심　무 상 대 승

無量義經이니라
무 량 의 경

爾時에 大莊嚴菩薩이 復白佛言하되 世尊이시여 世尊說法은
이 시　대 장 엄 보 살　부 백 불 언　　세 존　　　세 존 설 법

不可思議요 衆生根性도 亦不可思議 法門解脫도 亦不可
불 가 사 의　중 생 근 성　역 불 가 사 의　법 문 해 탈　역 불 가

思議니라 我等於佛所說諸法에 無復疑難이라도 而諸衆生이
사 의　　아 등 어 불 소 설 제 법　무 부 의 난　　　이 제 중 생

生迷惑心故로 重諮世尊이니이다
생 미 혹 심 고　중 자 세 존

自從如來得道已來로 四十餘年에 常爲衆生演說諸法四相
자 종 여 래 득 도 이 래　사 십 여 년　상 위 중 생 연 설 제 법 사 상

중생에게서 참으로 능히 괴로움을 뽑아 주느니라. 괴로움을 이미 뽑아주고는 다시 법을 설해서 모든 중생들로 하여금 쾌락을 받게 하느니라.

선남자야, 보살이 만일 능히 이와 같이 일체의 법문 '무량의'를 닦는 자는 반드시 속히 아뇩다라삼먁삼보리를 얻어 이룩할 것이니라.

선남자야, 이와 같이 심히 깊고 위없는 대승의 무량의경은 글 뜻이 참되고 바르며 존귀하여 다시 더할 바가 없느니라. 삼세의 모든 부처님께서 함께 수호하시는 바이니, 여러 마군들이 도를 얻어 들어오지 못하며 일체의 사견과 생사에서 이를 무너뜨리지 못하리라.

그러므로 선남자야, 보살마하살이 만일 속히 무상보리를 이룩하고자 하면 응당 이와 같이 심히 깊고 위없는 대승의 무량의경을 닦고 배울지니라."

그때 대장엄보살이 다시 부처님께 사뢰었다.
"세존이시여, 세존의 설법은 불가사의요, 중생의 근기와 성품도 또한 불가사의하며 법문 해탈도 또한 불가사의하옵니다. 저희들은 부처님께서 설하신 모든 법에 다시 의심과 어려움이 없사오나, 모든 중생이 미혹한 마음을 내는 까닭으로 거듭 세존께 여쭈옵니다.

여래께서 도를 얻으신 지 이미 사십여 년 동안 항상 중생을 위하여 모든 법의 네 가지 상의 이치와 고의 이치와 공의 이

之義에 苦義空義 無常無我 無大無小無生無滅과 一相無
지의 고의공의 무상무아 무대무소무생무멸 일상무

相 法性法相 本來空寂과 不來不去 不出不沒하심이라 若有
상 법성법상 본래공적 불래불거 불출불몰   약유

聞者면 或得煖法頂法世第一法과 須陀洹果斯陀含果와 阿
문자   혹득난법정법세제일법   수다원과사다함과   아

那含果阿羅漢果와 辟支佛道하여 發菩提心하여 登第一地
나함과아나한과   벽지불도   발보리심   등제일지

第二地第三地하여 至第十地라 往日所說諸法之義와 與今
제이지제삼지   지제십지   왕일소설제법지의   여금

所說有何等異하니 而言甚深 無上大乘 無量義經만을 菩
소설유하등이   이언심심 무상대승 무량의경   보

薩修行하면 必得疾成無上菩提이까
살수행   필득질성무상보리

是事云何니이까 唯願世尊이시여 慈愍一切하사 廣爲衆生而
시사운하   유원세존   자민일체   광위중생이

分別之하사 普令現在 及未來世에 有聞法者로 無餘疑網하소서
분별지   보령현재 급미래세   유문법자   무여의망

於是佛告大莊嚴菩薩하시되
어시불고대장엄보살

善哉善哉라 大善男子야 能問如來 如是甚深 無上大乘微
선재선재   대선남자   능문여래 여시심심 무상대승미

妙之義뇨 當知하라 汝能多所利益이리다 安樂人天하여 拔苦
묘지의   당지   여능다소이익   안락인천   발고

衆生하니 眞大慈悲라 信實不虛하니라 以是因緣으로 必得疾
중생   진대자비   신실불허   이시인연   필득질

成無上菩提리라 亦令一切今世來世諸有衆生으로 得成無
성무상보리   역령일체금세내세제유중생   득성무

치와 무상과 무아의 이치를 말씀하시되, 크지도 작지도 않고 나지도 멸하지도 않으며, 하나의 상으로 상이 없고 법의 성품과 법의 모양이 본래 공적하여 오지도 가지도 않고 나오지도 빠지지도 않는다고 하셨나이다.

만일 듣는 자가 있으면 혹은 난법·정법·세제일법과 수다원과·사다함과·아나함과·아라한과와 벽지불의 도를 얻어 보리심을 일으키어 제일지·제이지·제삼지에 올라 제십지에 이르나니, 지난날 설하신 모든 법의 뜻과 지금 설하시는 것과 어떻게 달라서 심히 깊고 위없는 대승의 무량의경만을 보살이 닦고 행하면 반드시 속히 무상보리를 얻는다고 말씀하시나이까. 이 일이 어찌되나이까. 오직 원컨대 세존께서는 일체를 불쌍히 여기시고 널리 중생을 위하여 이를 분별하시어 널리 현재와 미래 세상에서 법을 듣는 자로 하여금 의심이 없게 해주시옵소서."

이때 부처님께서 대장엄보살에게 말씀하셨다.
"착하고 착하다, 대선남자야. 능히 여래에게 이와 같이 심히 깊고 위없는 대승의 미묘한 뜻을 묻는구나. 마땅히 알라. 너희는 능히 이익되는 바가 많으리라. 인간과 천상을 안락하게 하여 중생의 괴로움을 빼주니 참된 큰 자비라. 진실하여 헛되지 아니하니 이러한 인연으로 반드시 속히 무상보리를 얻어 이룩하리라. 또한 현세에나 후세에 일체의 모든 중생으로 하여금 무상보리를 얻어 이룩하게 하리라.

上菩提하리라
상 보 리

善男子여 我先道場菩提樹下에 端坐六年하여 得成阿耨多
선남자 아선도량보리수하 단좌육년   득성아뇩다

羅三藐三菩提하니라 以佛眼觀一切諸法하되 不可宣說하니라
라삼먁삼보리   이불안관일체제법   불가선설

所以者何오 知諸衆生性欲不同이라 性欲不同하여 種種說
소이자하 지제중생성욕부동   성욕부동   종종설

法이니라 以方便力하니 四十餘年에 未顯眞實이니라 是故衆
법   이방편력   사십여년   미현진실   시고중

生이 得道差別하여 不得疾成無上菩提라
생   득도차별   부득질성무상보리

善男子여 法譬如水能洗垢穢나라 若井若池와 若江若河와 溪
선남자 법비여수능세구예   약정약지   약강약하   계

渠大海가 皆悉能洗諸有垢穢이듯 其法水者도 亦復如是하여
거대해 개실능세제유구예   기법수자   역부여시

能洗衆生諸煩惱垢나라
능세중생제번뇌구

善男子여 水性是一이나 江河井池와 溪渠大海가 各各別異
선남자 수성시일   강하정지   계거대해   각각별이

이듯 其法性者도 亦復如是하여 洗除塵勞에 等無差別이라도
    기법성자   역부여시   세제진로   등무차별

三法四果二道不一이니라 善男子여 水雖俱洗나 而井非池요
삼법사과이도불일   선남자 수수구세   이정비지

池非江河이며 溪渠非海나라 而如來世雄이 於法自在이듯 所
지비강하   계거비해   이여래세웅   어법자재   소

說諸法도 亦復如是나라 初中後說이 皆能洗除衆生煩惱나
설제법   역부여시   초중후설   개능세제중생번뇌

선남자야, 내가 일찍이 도량의 보리수 아래에 앉아서 육년 만에 아뇩다라삼먁삼보리를 성취한 이래, 부처님의 눈으로 일체의 모든 법을 관하였으되 말하지 않았느니라. 왜냐하면 모든 중생의 성품과 욕망이 같지 아니함을 알았기 때문이니라. 성품과 욕망이 같지 아니하므로 여러 가지로 법을 설하였나니, 여러 가지로 법을 설하되 방편력으로써 하였으니 사십여 년에 아직 진실을 나타내지 아니하였노라. 이런 까닭에 중생이 도를 얻는 데 차별이 있어 속히 무상보리를 이룩하지 못하느니라.

선남자야, 비유하면 법은 물이 능히 더러운 때를 씻음과 같으니라. 혹은 샘이거나 혹은 못이거나 혹은 강이거나 혹은 냇물이거나 시내거나 개울이거나 큰 바다가 다 능히 더러운 때를 씻는 것과 같이, 그 법의 물도 또한 이와 같아서 능히 중생의 모든 번뇌의 때를 씻느니라.

선남자야, 물의 성품은 하나이지만 강과 냇물과 샘과 못과 시내와 개울과 큰 바다가 각각 다른 것 같이, 그 법의 성품도 또한 이와 같아서 진로를 씻어 없애는 데는 같아서 차별이 없지만 삼법과 사과와 이도는 하나가 아니니라.

선남자야, 물은 비록 모든 것을 씻을 수 있으나 샘은 못이 아니요, 못은 강과 냇물이 아니며, 시내와 개울은 바다가 아니니라. 여래 세웅이 법에 자재함과 같이 설한 모든 법도 또한 이와 같으니라. 처음이나 중간이나 끝에 설한 것이 다 능히 중생의 번뇌를 씻어 없애주되,

而初非中이요 而中非後라 初中後說이 文辭雖一이라도 而義
이초비중   이중비후   초중후설   문사수일   이의
各異니라
각이
善男子여 我起樹王하여 詣波羅奈鹿野園中하여 爲阿若拘
선남자 아기수왕   예바라나녹야원중   위아야구
隣等五人하여 轉四諦法輪時에도 亦說諸法本來空寂이언만
린등오인   전사제법륜시   역설제법본래공적
代謝不住하며 念念生滅이니라 中間於此 及以處處에도 爲諸
대사부주   염념생멸   중간어차 급이처처   위제
比丘幷衆菩薩하여 辯演宣說十二因緣六波羅蜜하되 亦說
비구병중보살   변연선설십이인연육바라밀   역설
諸法本來空寂이언만 代謝不住하며 念念生滅하니라
제법본래공적   대사부주   염념생멸
今復於此演說大乘無量義經에 亦說諸法本來寂이언만
금부어차연설대승무량의경   역설제법본래적
代謝不住하며 念念生滅이니라
대사부주   염념생멸
善男子여 是故初說中說後說이 文辭是一이나 而義別異니라
선남자 시고초설중설후설   문사시일   이의별이
義異故로 衆生解異하고 解異故로 得法得果 得道亦異니라
의이고 중생해이   해이고   득법득과 득도역이
善男子여 初說四諦하여 爲求聲聞人이나 而八億諸天이 來
선남자 초설사제   위구성문인   이팔억제천   내
下聽法하고 發菩提心하며 中於處處에 演說甚深 十二因緣
하청법   발보리심   중어처처   연설심심 십이인연
하여 爲求辟支佛人하니 而無量衆生이 發菩提心하고 或住聲
     위구벽지불인   이무량중생   발보리심   혹주성

그러나 처음은 중간이 아니고 중간은 끝이 아니니, 처음이나 중간이나 끝에 설한 것이 말은 비록 같을지라도 뜻은 각각 다르니라.

선남자야, 내가 보리수 아래에서 일어나 바라나 녹야원에 가서 아야교진여 등 다섯 사람을 위하여 사제의 법륜을 굴릴 때에도 또한 모든 법이 본래부터 공적하지만 끊임없이 바뀌어 머무르지 아니하며 순간순간에 나고 멸한다고 설하였느니라. 중간에 이곳과 다른 곳에서도 모든 비구와 여러 보살을 위하여 십이인연과 육바라밀을 연설하되, 또한 모든 법이 본래부터 공적하지만 끊임없이 바뀌어 머무르지 아니하며 순간순간에 나고 멸한다고 설하였느니라.
지금 다시 여기서 대승의 무량의경을 연설함에 또한 모든 법이 본래부터 공적하건만 끊임없이 바뀌어 머무르지 아니하며 순간순간에 나고 멸한다고 설하느니라.

선남자야, 그러므로 처음에 설한 것이나 중간에 설한 것이나 끝에 설한 것이 말은 하나일지라도 뜻은 달라서 따로 있느니라. 뜻이 다른 까닭에 중생의 해석도 다르고, 해석이 다른 까닭에 얻는 법과 얻는 과와 얻는 도가 다르니라.
선남자야, 처음으로 사제를 설해서 성문을 구하는 사람을 위하였더니, 팔억의 모든 하늘천신이 내려와서 법을 듣고 보리심을 일으켰으며, 중간에 곳곳에서 심히 깊은 십이인연을 연설하여 벽지불을 구하는 사람을 위하였더니, 한량없는 중생이 보리심을 일으키고 혹은 성문에 머물렀느니라.

聞이니라
문

次說方等 十二部經摩訶般若華嚴海空하여 演說菩薩歷
차설방등 십이부경마하반야화엄해공   연설보살역

劫修行이나 而百千比丘 萬億人天 無量衆生이 得住須陀
겁수행   이백천비구 만억인천 무량중생   득주수다

洹 斯陀含 阿那含 阿羅漢果와 辟支佛을 因緣法中이니라
원 사다함 아나함 아라한과   벽지불   인연법중

善男子여 以是義故로 故知說同而義別異니라 義異故로 衆
선남자   이시의고   고지설동이의별이   의이고   중

生解異니라 解異故로 得法得果得道亦異니라
생해이   해이고   득법득과득도역이

是故善男子여 自我得道하여 初起說法으로 至于今日에 演
시고선남자   자아득도   초기설법   지우금일   연

說大乘 無量義經토록 未曾不說 苦空無常無我 非眞非假
설대승 무량의경   미증불설 고공무상무아 비진비가

非大非小하여 本來不生하고 今亦不滅하며 一相無相 法相法
비대비소   본래불생   금역불멸   일상무상 법상법

性 不來不去나 而諸衆生이 四相所遷이로다
성 불래불거   이제중생   사상소천

善男子여 以是義故로 一切諸佛은 無有二言이니라 能以一
선남자   이시의고   일체제불   무유이언   능이일

音으로 普應衆聲하며 能以一身으로 示百千萬億 那由他無
음   보응중성   능이일신   시백천만억 나유타무

量無數恒河沙身이니라 一一身中에 又示若干 百千萬億
량무수항하사신   일일신중   우시약간 백천만억

那由他 阿僧祇 恒河沙 種種類形이니라 一一形中에 又示
나유타 아승기 항하사 종종유형   일일형중   우시

다음에 방등십이부경과 마하반야와 화엄해공을 설해서 보살이 한량없는 겁이 지나도록 닦고 행함을 연설하였더니, 백천의 비구와 만억의 인간과 하늘의 한량없는 중생이 수다원·사다함·아나함·아라한과와 벽지불을 인연법 가운데서 얻어 머물렀느니라.

선남자야, 이러한 뜻이 있는 까닭에 같은 말로 설하였으나 뜻이 다름을 알라. 뜻이 다른 까닭에 중생의 해석도 다르고, 해석이 다른 까닭에 얻는 법과 얻는 과와 얻는 도가 또한 다르니라.

그러므로 선남자야, 내가 도를 얻고 처음에 일어나서 법을 설함으로부터 오늘 대승의 무량의경을 설함에 이르기까지 일찍이 고·공·무상·무아와 비진·비가·비대·비소하여 본래 나지도 않고 지금도 또한 멸하지도 아니하며, 일상·무상·법상·법성·불래·불거이나, 모든 중생들이 네 가지 상으로 옮겨진다고 말하지 않은 적이 없느니라.

선남자야, 이러한 뜻이 있는 까닭에 모든 부처님은 두 가지 말씀이 없느니라. 능히 한 음성으로써 널리 모든 중생의 여러 가지 소리에 응하며, 능히 한 몸으로써 백천만억 나유타의 한량없고 셀 수 없는 항하사의 몸을 보이느니라. 하나하나의 몸 가운데서 또한 백천만억 나유타 아승기 항하사의 여러 가지 종류의 모습을 보이느니라. 하나하나의 모습 가운데서 또한

若干 百千萬億 那由他 阿僧祇 恒河沙形이니라
약간 백천만억 나유타 아승기 항하사형

善男子여 是則諸佛 不可思議 甚深境界니 非二乘所知며
선남자 시즉제불 불가사의 심심경제 비이승소지

亦非十地菩薩所及이니라
역비십지보살소급

唯佛與佛이 乃能究了니라 善男子여 是故我說하노라 微妙甚
유불여불 내능구료 선남자 시고아설 미묘심

深 無上大乘無量義經은 文理眞正하며 尊無過上이니라 三
심 무상대승무량의경 문리진정 존무과상 삼

世諸佛의 所共守護니 無有衆魔外得道入하고 不爲一切邪
세제불 소공수호 무유중마외도득입 불위일체사

見生死之所壞敗니라 菩薩摩訶薩이 若欲疾成 無上菩提면
견생사지소괴패 보살마하살 약욕질성 무상보리

應當修學 如是甚深 無上大乘 無量義經이니라
응당수학 여시심심 무상대승 무량의경

佛說是已하시니 於是三千大千世界는 六種震動하고
불설시이 어시삼천대천세계 육종진동

自然空中 雨種種天華 天優鉢羅華 鉢曇摩華 拘物頭華
자연공중 우종종천화 천우발라화 발담마화 구물두화

分陀利華하며
분다리화

又雨無數種種天香 天衣 天瓔珞 天無價寶가 於上空中에
우우무수종종천향 천의 천영락 천무가보 어상공중

旋轉來下하여 供養於佛及諸菩薩聲聞大衆이라 天廚 天鉢
선전래하 공양어불급제보살성문대중 천주 천발

器에 天百味食을 充滿盈溢하고 天幢天幡과 天軒蓋天妙樂
기 천백미식 충만영일 천당천번 천헌개천묘악

백천만억 나유타 아승기 항하사의 모습을 보이느니라.

선남자야, 이것이 곧 모든 부처님들의 심히 깊은 불가사의의 경계이니, 이승이 알 바가 아니며 또한 십지의 보살도 미칠 바가 아니니라.

오직 부처님과 부처님만이 이를 능히 연구해 마치신 것이니라. 선남자야, 이런 까닭에 내가 설하노라. 미묘하고 심히 깊고 위없는 대승의 무량의경은 글의 이치가 참되고 바르며 존귀함이 다시 더 위가 없느니라. 삼세의 모든 부처님께서 함께 지키시고 보호하시는 바이니, 모든 마와 외도가 들어오지 못하고 일체의 사견과 생사에 헐려 무너지지 않느니라. 보살마하살이 만일 속히 무상보리를 이룩하고자 하면 마땅히 이와 같은 심히 깊고 위없는 대승의 무량의경을 닦고 배울지니라."

부처님께서 이 말씀을 마치시니, 이때 삼천대천세계는 여섯 가지로 진동하고 자연히 허공에서는 여러 가지의 하늘꽃, 하늘의 우발라꽃과 발담마꽃과 구물두꽃과 분다리꽃이 비 오듯이 내리며, 또 헤아릴 수 없는 여러 가지 하늘의 향과 하늘의 옷과 하늘의 영락과 하늘의 값이 없는 보배가 허공 위에서 빙빙 돌며 내려와 부처님과 모든 보살과 성문 대중을 공양하였다. 하늘 부엌의 하늘 그릇에 하늘의 백 가지 음식을 가득히 담고, 하늘의 깃대와 하늘의 기와 하늘의 헌개와 하늘의 묘한

具를 處處安置하고 作天伎樂하여 歌歎於佛이라
구   처처안치   작천기악   가탄어불
又復六種震動 東方恒河沙等 諸佛世界하고 亦雨天華 天
우부육종진동 동방항하사등 제불세계   역우천화 천
香 天衣 天瓔珞 天無價寶 天廚 天鉢器 天百味 天幢 天
향 천의 천영락 천무가보 천주 천발기 천백미 천당 천
幡 天軒蓋 天妙樂具하고 作天伎樂하여 歌歎彼佛 及彼菩
번 천헌개 천묘악구   작천기악   가탄피불 급피보
薩 聲聞大衆이라 南西北方 四維上下도 亦復如是니라
살 성문대중   남서북방 사유상하   역부여시
於是衆中 三萬二千 菩薩摩訶薩은 得無量義三昧하고 三
어시중중 삼만이천 보살마하살   득무량의삼매   삼
萬四千 菩薩摩訶薩은 得無數無量陀羅尼門하여 能轉一切
만사천 보살마하살   득무수무량다라니문   능전일체
三世諸佛 不退法輪이라
삼세제불 불퇴법륜
其諸比丘와 比丘尼 優婆塞와 優婆夷 天龍과 夜叉 乾闥婆
기제비구 비구니 우바새   우바이 천용 야차 건달바
와 阿修羅와 迦樓羅와 緊那羅 摩睺羅伽 大轉輪王과 小轉
   아수라   가루라   긴나라 마후라가 대전륜왕   소전
輪王 銀輪과 鐵輪諸轉輪王 國王과 王子 國臣과 國民 國
륜왕 은륜   철륜제전륜왕 국왕   왕자 국신   국민 국
士와 國女 國大長者 及諸眷屬百千衆俱하여 聞佛如來說
토   국녀 국대장자 급제권속백천중구   문불여래설
是經時에 或得煖法頂法 世間第一法 須陀洹果 斯陀含
시경시 혹득난법정법 세간제일법 수다원과 사다함
果 阿那含果 阿羅漢果 辟支佛果하고 又得菩薩 無生法
과 아나함과 아라한과 벽지불과   우득보살 무생법

악구를 곳곳에 놓아 두고 하늘의 기악을 지어서 부처님을 찬탄하여 노래하였다.

또다시 동방의 항하사 같은 모든 부처님 세계는 여섯 가지로 진동하고, 또한 하늘의 꽃, 하늘의 향, 하늘의 옷, 하늘의 영락, 하늘의 값이 없는 보배, 하늘부엌, 하늘 그릇, 하늘의 백 가지 음식, 하늘의 깃대, 하늘의 기, 하늘의 헌개, 하늘의 묘한 악구가 비 오듯이 내리고 하늘의 기악을 지어 부처님과 보살과 성문 대중을 찬탄하여 노래하였다. 남·서·북방 사유 상하도 또한 다시 이와 같았다.

이때 대중 가운데 삼만이천의 보살마하살은 무량의삼매를 얻고, 삼만사천의 보살마하살은 수가 없고 한량없는 다라니문을 얻어서 일체 삼세의 모든 부처님의 물러서지 않는 법륜을 능히 굴렸다.

그 모든 비구·비구니·우바새·우바이·하늘천신·용·야차·건달바·아수라·가루라·긴나라·마후라가·대전륜왕·소전륜왕·은륜·철륜의 모든 윤왕·국왕·왕자·국신·국민·국사·국녀·나라의 장자와 모든 그 권속 백천 대중이 함께 와서 부처님 여래께서 이 경 설하시는 것을 들었을 때, 혹은 난법·정법·세간제일법·수다원과·사다함과·아나함과·아라한과·벽지불과를 얻었고, 또는 보살의 무생법인을 얻었으며, 또는 한 가지의 다라니를 얻었고, 또는 두 가지의 다라니를 얻었으며,

忍하며 又得一陀羅尼하고 又得二陀羅尼하며 又得三陀羅尼
인   우득일다라니   우득이다라니   우득삼다라니
하고 又得四陀羅尼와 五六七八九十陀羅尼하며 又得百千
     우득사다라니   오육칠팔구십다라니   우득백천
萬億 陀羅尼하고 又得無量無數 恒河沙 阿僧祇陀羅尼하
만억 다라니   우득무량무수 항하사 아승기다라니
여 皆能隨順轉不退轉法輪하며 無量衆生은 發阿耨多羅三
   개능수순전불퇴전법륜   무량중생   발아뇩다라삼
藐三菩提心이니라
먁삼보리심

【 無量義經 說法品 終 】

또는 세 가지의 다라니를 얻었고, 또는 네 가지의 다라니와 다섯·여섯·일곱·여덟·아홉·열의 다라니를 얻었으며, 또는 백천만억의 다라니를 얻었고, 또는 한량없고 수가 없는 항하사 같은 아승기의 다라니를 얻어서 모두 따라 물러서지 않는 법륜을 굴렸으며, 한량없는 중생은 아뇩다라삼먁삼보리심을 일으켰다.

無量義經 十功德品 第三

爾時에 **大莊嚴菩薩摩訶薩**이 **復白佛言**하되
이시 대장엄보살마하살 부백불언

世尊이시여 **世尊說是 微妙甚深 無上大乘 無量義經**하시니
세존   세존설시 미묘심심 무상대승 무량의경

眞實甚深 甚深甚深하나이다
진실심심 심심심심

所以者何오 **於此衆中**의 **諸菩薩摩訶薩**과 **及諸四衆**과 **天龍**
소이자하 어차중중 제보살마하살 급제사중 천룡

鬼神과 **國王臣民**의 **諸有衆生**이 **聞是甚深 無上大乘 無量**
귀신   국왕신민   제유중생   문시심심 무상대승 무량

義經하고 **無不獲得 陀羅尼門 三法四果 菩提之心**하나이다
의경   무불획득 다라니문 삼법사과 보리지심

當知此法文理眞正하고 **尊無過上**하며 **三世諸佛 之所守護**라
당지차법문리진정   존무과상   삼세제불 지소수호

無有衆魔 群道得入이리니 **不爲一切 邪見生死 之所壞敗**니이다
무유중마 군도득입   불위일체 사견생사 지소괴패

所以者何오 **一聞能持 一切法故 若有衆生**이 **得聞是經**하면
소이자하 일문능지 일체법고 약유중생 득문시경

則爲大利니이다
즉위대리

所以者何오 **若能修行**하면 **必得疾成 無上菩提**리이다 **其有**
소이자하   약능수행   필득질성 무상보리   기유

衆生이 **不得聞者**는 **當知是等 爲失大利**라 **過無量無邊 不**
중생   부득문자   당지시등 위실대리   과무량무변 불

무량의경 제삼.십공덕품

그때 대장엄보살마하살이 다시 부처님께 사뢰었다.
"세존이시여, 세존께서 이 미묘하고도 심히 깊고 위없는 대승의 무량의경을 말씀하시니, 진실로 심히 깊고도 심히 깊고 깊나이다.
왜냐하면 이 대중 가운데 모든 보살마하살과 모든 사중과 하늘천신·용·귀신·국왕·신민의 모든 중생이 이 심히 깊고도 위없는 대승의 무량의경을 듣고 다라니문과 삼법과 사과와 보리심을 얻지 못함이 없기 때문이옵니다.
마땅히 알지니 이 법은 글 뜻이 참되고 바르며 존귀함이 위에 지남이 없으며, 삼세의 모든 부처님께서 지키고 보호하시는 바, 여러 마와 여러 외도가 들어오지 못할 것이니 일체의 사견과 생사에 헐리어 무너지게 되지 않나이다.
왜냐하면 한 번만 들어도 능히 일체의 법을 지니게 되기 때문이옵니다.
만일 중생이 이 경을 얻어 들으면 큰 이익이 되나이다.
왜냐하면 능히 닦고 행하면 반드시 속히 무상보리를 이룩하게 되기 때문이옵니다.
중생이 얻어 듣지 못하면 마땅히 이들은 큰 이익을 잃게 됨을

可思議 阿僧祇劫이라도 終不得成 無上菩提니이다 所以者
가사의 아승기겁   종부득성 무상보리   소이자
何오 不知菩提大直道故로 行於險徑하며 多留難故니이다
하   부지보리대직도고   행어험경   다류난고
世尊이시여 是經典者는 不可思議니이다 唯願世尊은 廣爲大
세존   시경전자   불가사의   유원세존   광위대
衆하사 慈哀敷演 是經甚深 不思議事하소서
중   자애부연 시경심심 불사의사
世尊이시여 是經典者는 從何所來며 去何所至며 住何所住니이꼬
세존   시경전자   종하소래   거하소지   주하소주
乃有如是無量功德不思議力하여 令衆疾成 阿耨多羅三
내유여시무량공덕부사의력   영중질성 아뇩다라삼
藐三菩提하나이까
먁삼보리
爾時에 世尊이 告大莊嚴菩薩摩訶薩言하시되 善哉善哉라 善
이시   세존   고대장엄보살마하살언   선재선재   선
男子여 如是如是니 如汝所說이니라 善男子여 我說是經이
남자   여시여시   여여소설   선남자   아설시경
甚深甚深 眞實甚深하니라 所以者何오 令衆疾成無上菩提
심심심심 진실심심   소이자하   영중질성무상보리
故니라 一聞能持一切法故며 於諸衆生 大利益故며
고   일문능지일체법고   어제중생 대이익고
行大直道하여 無留難故니라
행대직도   무류난고
善男子여 汝問是經 從何所來하며 去何所至하며 住何所住
선남자   여문시경 종하소래   거하소지   주하소주
者이뇨 當善諦聽하라 善男子여 是經本從諸佛室宅中來하여
자   당선제청   선남자   시경본종제불실택중래

알 것이니, 한량없고 가없는 불가사의의 아승기겁을 지날지라도 마침내 무상보리를 이룩하지 못하나이다. 왜냐하면 보리로 향하는 크고도 곧은 길을 알지 못하므로 험한 길을 지나가게 되며 많은 환난에 머무르게 되기 때문이옵니다.
세존이시여, 이 경전은 가히 생각하기도 어렵나이다. 바라옵건대 세존께서는 널리 대중을 위하여 사랑과 애민으로 이 경의 심히 깊고 부사의한 일을 연설해 주옵소서.
세존이시여, 이 경전은 어디로부터 왔으며 어디로 가며 어디로 가서 머무르나이까. 이와 같은 한량없는 공덕과 부사의한 힘이 있어 중생으로 하여금 속히 아뇩다라삼먁삼보리를 이룩하게 하나이까."

그때 세존께서 대장엄보살마하살에게 말씀하셨다.
"착하고 착하다. 선남자야, 그렇고 그러하니 네가 말한 것과 같으니라.
선남자야, 내가 설한 것처럼 이 경은 심히 깊고도 깊으며 진실로 심히 깊으니라. 왜냐하면 중생으로 하여금 속히 무상보리를 이룩하게 하는 까닭이니라.
한 번 들으면 능히 일체의 법을 지니게 하는 까닭이며, 모든 중생을 크게 이익되게 하는 까닭이며, 크고도 곧은 길을 가게 하여 환난에 머무름이 없게 하는 까닭이니라.
선남자야, 네가 이 경이 어디로부터 와서 어디로 가며 어디로 가서 머무르는 것을 물었으니, 마땅히 자세히 들으라.
선남자야, 이 경은 본래 모든 부처님의 집으로부터 와서,

去至一切衆生 發菩提心하여 住諸菩薩所行之處니라
거지일체중생 발보리심   주제보살소행지처

善男子여 是經如是來하여 如是去하고 如是住니라 是故此經은
선남자   시경여시래   여시거   여시주   시고차경

能有如是 無量功德 不思議力하여 令衆疾成 無上菩提니라
능유여시 무량공덕 부사의력   영중질성 무상보리

善男子여 汝寧欲聞 是經復有 十不思議 功德力不아
선남자   여녕욕문 시경부유 십부사의 공덕력부

大莊嚴菩薩言하되 願樂欲聞하나이다
대장엄보살언   원요욕문

佛言하시되
불언

善男子여 第一是經은 能令菩薩 未發心者는 發菩提心하며
선남자   제일시경   능령보살 미발심자   발보리심

無慈仁者는 起於慈心하며 好殺戮者는 起大悲心하며 生嫉
무자인자   기어자심   호살육자   기대비심   생질

妬者는 起隨喜心하며 有愛著者는 起能捨心하며 諸慳貪者는
투자   기수희심   유애착자   기능사심   제간탐자

起布施心하며 多憍慢者는 起持戒心하며 瞋恚盛者는 起忍
기보시심   다교만자   기지계심   진에성자   기인

辱心하며 生懈怠者는 起精進心하며 諸散亂者는 起禪定心하며
욕심   생해태자   기정진심   제산란자   기선정심

多愚癡者는 起智慧心하며 未能度彼者는 起度彼心하며
다우치자   기지혜심   미능도피자   기도피심

行十惡者는 起十善心하며 樂有爲者는 志無爲心하며
행십악자   기십선심   요유위자   지무위심

有退心者는 作不退心하며 爲有漏者는 起無漏心하며
유퇴심자   작불퇴심   위유루자   기무루심

일체 중생의 보리심을 일으키는 데로 가고, 모든 보살이 행하는 곳에 머무르느니라.
선남자야, 이 경은 이와 같이 와서 이와 같이 가고 이와 같이 머무르느니라.
이런 까닭으로 이 경은 능히 이와 같은 한량없는 공덕과 부사의한 힘이 있어 중생으로 하여금 속히 무상보리를 이룩하게 하느니라.
선남자야, 너는 또 이 경에 다시 열 가지 부사의한 공덕과 힘이 있는 것을 듣고자 하느냐."
대장엄보살이 말씀드리되, "원컨대 즐겨 듣고자 하나이다."

부처님께서 말씀하셨다.
"선남자야, 첫째 이 경은 아직 발심하지 못한 보살에게 능히 보리심을 일으키게 하며, 인자함이 없는 자에게는 인자한 마음을 일으키게 하며, 살생을 즐기는 자에게는 대비심을 일으키게 하며, 질투하는 자에게는 따라 기뻐하는 마음을 일으키게 하며, 애착이 있는 자에게는 능히 버리는 마음을 일으키게 하며, 모든 것을 아끼고 탐내는 자에게는 보시하는 마음을 일으키게 하며, 교만이 많은 자에게는 지계의 마음을 일으키게 하며, 화를 잘 내는 자에게는 인욕하는 마음을 일으키게 하며, 게으른 자에게는 정진하는 마음을 일으키게 하며, 모든 것에 산란한 자에게는 선정의 마음을 일으키게 하며, 어리석음이 많은 자에게는 지혜의 마음을 일으키게 하며, 아직 제도가 안된 자에게는 제도되려는 마음을 일으키게 하며, 열 가지의 악을 행하는 자에게는 열 가지의 착한 마음을 일으키게 하며, 유위를 즐기는 자에게는 무위의 마음을 뜻하게 하며, 물러서려는 마음이 있는 자에게는 물러서지 않는 마음을 가지게 하며, 누가 있는 자에게는 누가 없는 마음을 일으키게 하

多煩惱者는 起除滅心하느니라
다 번 뇌 자   기 제 멸 심

善男子야 是名是經 第一功德이요 不思議力이니라
선 남 자   시 명 시 경 제 일 공 덕   부 사 의 력

善男子여 第二是經의 不可思議功德力者는 若有衆生이
선 남 자   제 이 시 경   불 가 사 의 공 덕 력 자   약 유 중 생

得聞是經者하여 若一轉 若一偈 乃至一句하면 則能通達
득 문 시 경 자   약 일 전 약 일 게 내 지 일 구   즉 능 통 달

百千億義하여 無量數劫에 不能演說 所受持法이리라
백 천 억 의   무 량 수 겁   불 능 연 설 소 수 지 법

所以者何오 以其是法이 義無量故니라 善男子여 是經譬如
소 이 자 하   이 기 시 법   의 무 량 고   선 남 자   시 경 비 여

從一種子로 生百千萬하며 百千萬中으로 一一이 復生百千
종 일 종 자   생 백 천 만   백 천 만 중   일 일   부 생 백 천

萬數니 如是展轉하여 乃至無量이듯 是經典者도 亦復如是하여
만 수   여 시 전 전   내 지 무 량   시 경 전 자   역 부 여 시

從於一法으로 生百千義하며 百千義中으로 一一이 復生百千
종 어 일 법   생 백 천 의   백 천 의 중   일 일   부 생 백 천

萬數니 如是展轉하여 乃至無量無邊之義라
만 수   여 시 전 전   내 지 무 량 무 변 지 의

是故此經은 名無量義니라 善男子야 是名是經第二功德이요
시 고 차 경   명 무 량 의   선 남 자   시 명 시 경 제 이 공 덕

不思議力이니다
부 사 의 력

善男子여 第三是經의 不可思議 功德力者는 若有衆生이
선 남 자   제 삼 시 경   불 가 사 의 공 덕 력 자   약 유 중 생

得聞是經하여 若一轉 若一偈 乃至一句하면 通達百千萬
득 문 시 경   약 일 전 약 일 게 내 지 일 구   통 달 백 천 만

며, 번뇌가 많은 자에게는 제하여 없애는 마음을 일으키게 하느니라.
선남자야, 이것이 이 경의 첫째의 공덕이요 부사의한 힘이니라.

선남자야, 둘째 이 경의 불가사의한 공덕과 힘이라 함은, 만일 중생이 이 경을 얻어들어 혹은 한 문장 혹은 한 게송 또는 한 구절을 들으면 곧 능히 백천억의 뜻에 통달해서 한량없는 수의 겁을 두고도 받아 지닌 법을 능히 연설하지 못하리라.
왜냐하면 이 법의 뜻이 한량없는 까닭이니라.
선남자야, 비유하면 이 경은 하나의 종자에서 백천만이 나오며, 백천만 하나하나 가운데서 다시 백천만의 수가 나오는 것과 같으니, 이와 같이 전전해서 한량없는 것 같이 이 경전도 또한 이와 같아서 하나의 법에서 백천의 뜻이 나오며, 백천의 하나하나 뜻 가운데서 다시 백천만의 수를 내나니, 이와 같이 전전해서 또 한량없고 가없는 뜻이 있느니라.
그러므로 이 경의 이름을 '무량의'라 하느니라.
선남자야, 이것이 이 경의 둘째의 공덕이요 부사의한 힘이니라.

선남자야, 셋째 이 경의 불가사의한 공덕과 힘이라 함은, 만일 중생이 이 경을 얻어들어 한 번이라도 혹은 한 문장이나 혹은 한 게송이나 또는 한 구절을 들으면 백천만억의 뜻에 통

億義已하여 雖有煩惱라도 如無煩惱하며 出入生死라도 無怖
억의이 수유번뇌 여무번뇌 출입생사 무포
畏想이니라
외 상

於諸衆生에 生憐愍心하며 於一切法에 得勇健想이리라 如壯
어제중생 생연민심 어일체법 득용건상 여장

力士가 能擔能持諸有重者이듯 是持經人도 亦復如是하여
력사 능담능지제유중자 시지경인 역부여시

能荷無上菩提重寶하고 擔負衆生하고 出生死道니라
능하무상보리중보 담부중생 출생사도

未能自度라도 已能度彼하니라
미능자도 이능도피

猶如船師 身嬰重病하여 四體不御하여 安止此岸이라도 有好
유여선사 신영중병 사체불어 안지차안 유호

堅牢舟船과 常辦諸度彼者之具를 給與而去이듯 是持經者도
견뢰주선 상변제도피자지구 급여이거 시지경자

亦復如是하여 雖嬰五道諸有之身이 百八重病하여 常恒相
역부여시 수영오도제유지신 백팔중병 상항상

纏하여 安止無明 老死此岸이라도 而有堅牢 此大乘經 無
전 안지무명 노사차안 이유견뢰 차대승경 무

量義辨 能度衆生하니 如說行者는 得度生死리라
량의변 능도중생 여설행자 득도생사

善男子여 是名是經 第三功德이요 不思議力이니라
선남자 시명시경 제삼공덕 부사의력

善男子여 第四是經의 不可思議功德力者는 若有衆生이 得
선남자 제사시경 불가사의공덕력자 약유중생 득

聞是經하여 若一轉 若一偈 乃至一句하면 得勇健想하고 雖
문시경 약일전 약일게 내지일구 득용건상 수

달해서 비록 번뇌가 있을지라도 번뇌가 없는 것 같으며, 생사에 나고 들고 할지라도 겁나고 두려운 생각이 없으리라.
모든 중생에게 불쌍히 생각하는 마음을 내며 일체의 법에 용맹한 생각을 얻으리라. 마치 억센 장사가 모든 무거운 짐을 짊어지고 능히 가지는 것 같이 이 경을 지니는 사람도 또한 이와 같아서 능히 무상보리의 무거운 보배를 짊어지고 중생을 업고 생사의 길에서 나오느니라.
아직 스스로는 제도되지 못했을지라도 능히 저들을 제도하리니, 마치 뱃사공이 무거운 병에 걸려 팔과 다리가 자유롭지 못하여 이쪽 언덕에 머물러 있을지라도 튼튼한 좋은 배와 모든 건너는 도구를 그들에게 주어서 떠나보내는 것과 같이, 이 경을 지니는 자도 또한 이와 같아서 비록 오도의 모든 것이 있는 몸이 백팔의 무거운 병에 걸려 항상 서로 얽혀서 무명·노사의 언덕에 머물러 있을지라도 견고한 이 대승의 무량의경이 능히 중생 제도할 것을 설하고 있으니, 설함과 같이 행하는 자는 생사에서 제도됨을 얻으리라.
선남자야, 이것이 이 경의 셋째의 공덕이요 부사의한 힘이니라.

선남자야, 넷째 이 경의 불가사의한 공덕과 힘이라 함은, 만일 중생이 이 경을 얻어들어 혹은 한 문장이나 혹은 한 게송이나 또는 한 구절을 들으면 용건한 생각을 얻고 비록 스스로

未自度라도 而能度他하리라
미자도   이능도타

與諸菩薩로 以爲眷屬하며 諸佛如來가 常向是人하여
여제보살   이위권속   제불여래   상향시인

而演說法하시리라 是人聞已하여 悉能受持하고 隨順不逆하고
이연설법   시인문이   실능수지   수순불역

轉復爲人 隨宜廣說하리라
전부위인 수의광설

善男子여 是人譬如國王夫人이 新生王子라 若一日 若二
선남자   시인비여국왕부인   신생왕자   약일일 약이

日 若至七日하며 若一月 若二月 若至七月하며 若一歲 若
일 약지칠일   약일월 약이월 약지칠월   약일세 약

二歲 若至七歲라 雖復不能領理國事라도 已爲臣民之所
이세 약지칠세   수부불능영리국사   이위신민지소

宗敬하며 諸大王子以爲伴侶라 王及夫人의 愛心偏重하여
종경   제대왕자이위반려   왕급부인   애심편중

常與共語리니 所以者何오 以稚小故니라
상여공어   소이자하   이치소고

善男子야 是持經者도 亦復如是하여 諸佛國王이요
선남자   시지경자   역부여시   제불국왕

是經夫人이라 和合共生 是菩薩子라
시경부인   화합공생 시보살자

若菩薩이 得聞是經하여 若一句 若一偈라도 若一轉 若二轉
약보살   득문시경   약일구 약일게   약일전 약이전

若十 若百 若千 若萬 若億萬恒河沙無量數轉하면
약십 약백 약천 약만 약억만항하사무량수전

雖復不能 體眞理極하며 雖復不能 震動三千大千國土하고
수부불능 체진리극   수부불능 진동삼천대천국토

는 제도되지 못하였어도 능히 다른 사람을 제도하리라.
모든 보살과 함께 권속이 되며 모든 부처님 여래께서 항상 이 사람을 향해서 법을 설하시리라. 이 사람이 듣고는 능히 다 받아 지니고 수순하여 거역하지 아니하고 다시 사람들을 위하여 마땅히 따라 널리 설하리라.
선남자야, 이 사람은 비유하면 국왕과 부인이 새로 왕자를 낳은 것과 같으니라.
혹은 하루 혹은 이틀 혹은 칠일에 이르거나 혹은 한 달 혹은 두 달 혹은 일곱 달에 이르며 혹은 한 살 혹은 두 살 혹은 일곱 살이 되면, 비록 나라의 일을 맡아서 다스리지는 못할지라도 이미 신하와 백성에게 숭상과 공경을 받게 되며, 모든 대왕의 아들과 같이 짝을 짓게 되리라. 왕과 부인의 사랑하는 마음이 치우쳐서 항상 같이 말하리니, 왜냐하면 그가 어리고 작기 때문이니라.
선남자야, 이 경을 지니는 자도 또한 이와 같아서 모든 부처님은 국왕이요 이 경은 부인이라, 화합해서 같이 이 보살의 아들을 낳았느니라.
만일 보살이 이 경을 얻어들어 혹은 한 구절 혹은 한 게송 혹은 한 문장 혹은 두 문장을 혹은 열 번 혹은 백 번 혹은 천 번 혹은 만 번 혹은 억만 항하사의 수만큼 한량없고 수없이 설하면, 비록 진리의 궁극을 체득하지 못하고 비록 삼천대천 국토

雷奮梵音 轉大法輪이라도 己爲一切 四衆八部之所宗仰하며
뇌분범음 전대법륜　　　　이위일체 사중팔부지소종앙
諸大菩薩이 以爲眷屬이라 深入諸佛秘密之法하여
제대보살　이위권속　　　심입제불비밀지법
所可演說 無違無失하며 常爲諸佛之所護念 慈愛偏覆
소가연설 무위무실　　　상위제불지소호념 자애편부
하리니 以新學故니라
　　　이 신 학 고
善男子여 是名是經第四功德이요 不思議力이니라
선남자　시명시경제사공덕　　　부사의력
善男子여 第五是經의 不可思議 功德力者는 若善男子 善
선남자　제오시경　불가사의 공덕력자　약선남자 선
女人이 若佛在世나 若滅度後에 其有受持 讀誦書寫 如是
여인　약불재세　약멸도후　기유수지 독송서사 여시
甚深 無上大乘 無量義經하면 是人雖復具縛煩惱하여
심심 무상대승 무량의경　　　시인수부구박번뇌
未能遠離諸凡夫事라도 而能示現大菩薩道하여 演於一日하여
미능원리제범부사　　　이능시현대보살도　　　연어일일
以爲百劫하며 白劫亦能 促爲一日하여 令彼衆生歡喜信伏하리라
이위백겁　　백겁역능 촉위일일　　　영피중생환희신복
善男子여 是善男子 善女人은 譬如龍子始生七日이라도 卽
선남자　시선남자 선여인　비여용자시생칠일　　　즉
能興雲하고 亦能降雨니라
능흥운　　역능강우
善男子여 是名是經 第五功德이요 不思議力이니라
선남자　시명시경 제오공덕　　부사의력
善男子여 第六是經의 不可思議 功德力者는 若善男子
선남자　제육시경　불가사의 공덕력자　약선남자

를 진동하고 우레와 같은 범음으로 큰 법륜을 설하지 못할지라도 일체의 사중과 팔부의 존경을 받으며 모든 큰 보살이 권속이 될 것이니라.
모든 부처님의 비밀하신 법에 깊이 들어서 설하는 것이 어김이 없고 틀림이 없으며, 항상 모든 부처님께서 지켜주시는 바 되어 자애로 두루 덮어 주시리니, 이는 새로 배우는 까닭이니라.
선남자야, 이것이 이 경의 넷째의 공덕이요 부사의한 힘이니라.

선남자야, 다섯째 이 경의 불가사의한 공덕과 힘이라 함은, 만일 선남자 선여인이 혹은 부처님께서 세상에 계시거나 혹은 멸도하신 후에 이와 같이 심히 깊고 위없는 대승의 무량의경을 받아 지니고 읽고 외우고 옮겨 쓰면, 이 사람이 비록 여러 가지 번뇌에 얽혀서 모든 범부의 일을 멀리 떠나지 못했을 지라도 능히 큰 보살도를 보이고 나타내어 하루를 늘여서 백겁으로 하고 백 겁을 또한 줄여서 하루로 하여 중생으로 하여금 환희하고 복종하게 하리라.
선남자야, 이 선남자 선여인은 비유하면 용의 아들이 비록 태어난 지 칠일만 되어도 곧 능히 구름을 일으키고 또한 비를 내리는 것과 같으니라.
선남자야, 이것이 이 경의 다섯째의 공덕이요 부사의한 힘이니라.

선남자야, 여섯째 이 경의 불가사의한 공덕과 힘이라 함은,

善女人이 若佛在世나 若滅度後에 受持讀誦 是經典者는
선여인   약불재세   약멸도후   수지독송 시경전자

雖具煩惱라도 而爲衆生說法하여 令得遠離 煩惱生死하여
수구번뇌   이위중생설법   영득원리 번뇌생사

斷一切苦하리라 衆生聞已하여 修行得法得果得道하여 與佛
단일체고   중생문이   수행득법득과득도   여불

如來等無差別하리라
여래등무차별

譬如王子雖復稚小라도 若王巡遊 及以疾病하면 委是王子
비여왕자수부치소   약왕순유 급이질병   위시왕자

하여 領理國事라 王子是時 依大王命하여 如法敎令 群僚百
     영리국사   왕자시시 의대왕명   여법교령 군료백

官하여 宣流正化하니 國土人民이 各隨其要하되 如大王治하여
관   선류정화   국토인민   각수기요   여대왕치

等無有異니라 持經善男子 善女人도 亦復如是하여 若佛在
등무유이   지경선남자 선여인   역부여시   약불재

世나 若滅度後에 是善男子가 雖未得住初不動地라도 依佛
세   약멸도후   시선남자   수미득주초부동지   이불

如是 用說敎法 而敷演之니라 衆生聞已하고 一心修行하여
여시 용설교법 이부연지   중생문이   일심수행

斷除煩惱하고 得法得果하면 乃至得道니라
단제번뇌   득법득과   내지득도

善男子야 是名是經 第六功德이요 不思議力이니라
선남자   시명시경 제육공덕   부사의력

善男子여 第七是經의 不可思議 功德力者는 若善男子善
선남자   제칠시경   불가사의 공덕력자   약선남자선

女人이 於佛在世나 若滅度後에 得聞是經하고 歡喜信樂하여
여인   어불재세   약멸도후   득문시경   환희신요

만일 선남자 선여인이 혹은 부처님께서 세상에 계시거나 혹은 멸도하신 후에 이 경전을 받아 지니고 읽고 외우는 자는 비록 번뇌를 갖추고 있을지라도 중생을 위해 법을 설해서 번뇌와 생사를 멀리 떠나게 하여 일체의 괴로움을 끊게 할 것이니라. 중생이 듣고서 닦고 행하면 법을 얻고 과를 얻고 도를 얻어서 부처님 여래와 같이 차별이 없게 될 것이니라.

비유컨대 왕자가 비록 어리고 작을지라도 혹은 왕이 멀리 떠나거나 또는 병이 나게 되면 이 왕자에게 맡겨서 나라 일을 다스리게 하는 것과 같으니라. 왕자는 이때 대왕의 명에 의하여 법대로 모든 백관을 가르치고, 영을 내려서 바른 법을 선포하면 국토의 인민이 각각 그 요긴함을 따라서 대왕이 다스리던 것과 다름이 없게 하느니라.

이 경을 지니는 선남자 선여인도 또한 이와 같아 혹은 부처님께서 세상에 계시거나 혹은 멸도하신 후에 이 선남자가 비록 초부동지에 머무르지 못했을지라도 부처님께 의지하여 이와 같은 교법을 쓰고 설하여 이를 널리 펴면, 중생이 듣고 일심으로 닦고 행하여 번뇌를 끊어 없애고 법을 얻으며 과를 얻고 나아가 도를 얻게 되느니라.

선남자야, 이것이 이 경의 여섯째의 공덕이요 부사의한 힘이니라.

선남자여, 일곱째 이 경의 부가사의한 공덕과 힘이라 함은, 만일 선남자 선여인이 부처님께서 세상에 계시거나 혹은 멸도하신 후에 이 경을 얻어듣고 기뻐하고 믿고 즐겨서 희유한

生希有心하여 受持讀誦 書寫解說하며 如法修行하여 發菩
생 희 유 심   수 지 독 송   서 사 해 설   여 설 수 행   발 보

提心하여 起諸善根하고 興大悲意하여 欲度一切 苦惱衆生하
리 심   기 제 선 근   홍 대 비 의   욕 도 일 체 고 뇌 중 생

면 雖未得修行六波羅蜜이라도 六波羅蜜이 自然在前하여 卽
  수 미 득 수 행 육 바 라 밀   육 바 라 밀   자 연 재 전   즉

於是身 得無生法忍하고 生死煩惱를 一時斷壞하고 昇於菩
어 시 신 득 무 생 법 인   생 사 번 뇌   일 시 단 괴   승 어 보

薩第七之地하리라
살 제 칠 지 지

譬如健人이 爲王除怨하여 怨旣滅已하면 王大歡喜賞賜하여
비 여 건 인   위 왕 제 원   원 기 멸 이   왕 대 환 희 상 사

半國之封 皆悉與之니라 持經善男子 善女人도 亦復如是하여
반 국 지 봉 개 실 여 지   지 경 선 남 자 선 여 인   역 부 여 시

於諸行人 最爲勇健하니 六度法寶를 不求自得至라 生死怨
어 제 행 인 최 위 용 건   육 도 법 보   불 구 자 득 지   생 사 원

敵이 自然散壞하고 證無生忍 半佛國寶하여 封賞安樂하리라
적   자 연 산 괴   증 무 생 인 반 불 국 보   봉 상 안 락

善男子여 是名是經第七功德이요 不思議力이니라
선 남 자   시 명 시 경 제 칠 공 덕   부 사 의 력

善男子여 第八是經의 不可思議 功德力者는 若善男子 善
선 남 자   제 팔 시 경   불 가 사 의 공 덕 력 자   약 선 남 자 선

女人이 於佛在世나 若滅度後에 有人能得是經典者면 敬信
여 인   약 불 재 세   약 멸 도 후   유 인 능 득 시 경 전 자   경 신

如視佛身하여 令等無異하라 愛樂是經하여 受持讀誦 書寫頂
여 시 불 신   영 등 무 이   애 락 시 경   수 지 독 송 서 사 정

戴하고 如法奉行하며 堅固戒忍하며 兼行檀度하여 深發慈悲하여
대   여 법 봉 행   견 고 계 인   겸 행 단 도   심 발 자 비

마음을 내어 받아 지녀서 읽고 외우며 옮겨 쓰고 해설하며 설한 것과 같이 닦고 행하여 보리심을 일으켜 모든 선근을 일으키고 대비의 마음을 일으켜서 일체 고뇌의 중생을 제도하고자 하면, 비록 육바라밀을 닦고 행하지 못하였을지라도 육바라밀이 스스로 앞에 나타나 곧 몸에 무생법인을 얻고 생사 번뇌를 일시에 끊고 바로 칠지보살에 이르리라.

비유컨대 용맹한 사람이 왕을 위해 원수를 토벌하여 원수가 멸하면 왕이 크게 기뻐해서 상을 주되 나라의 모든 것의 반을 나누어 주는 것과 같으니라. 이 경을 지니는 선남자 선여인도 또한 그와 같아 모든 수행하는 사람 가운데 가장 용맹하고 굳셀 것이니, 육바라밀의 법보를 구하지 않아도 스스로 얻게 되느니라. 나고 죽는 원수가 자연히 흩어져 무너지고 부처님 나라의 보배인 무생인의 반을 증득하여 상을 받고 안락하리라. 선남자야, 이것이 이 경의 일곱째의 공덕이요 부사의한 힘이니라.

선남자여, 여덟째 이 경의 불가사의한 공덕과 힘이란, 만일 선남자 선여인이 부처님께서 세상에 계시거나 혹은 멸도하신 후에 사람이 능히 이 경전을 얻은 자가 있으면, 공경하고 믿기를 부처님을 친견하는 것과 다름이 없게 하며, 이 경을 사랑하고 받들어 받아 지녀서 읽고 외우고 옮겨 쓰고 머리에 이고 법과 같이 즐거이 행하며, 계행과 인욕을 견고히 하고 겸하여 보시를 행하여 깊이 자비를 일으켜 이 위없는 대승의 무

以此無上 大乘無量義經을 廣爲人說하라
이 차 무 상 대 승 무 량 의 경 광 위 인 설

若人先來 都不信有罪福者는 以是經示之하고 設種種方
약 인 선 래 도 불 신 유 죄 복 자 이 시 경 시 지 설 종 종 방

便하여 强化令信이니라 以經威力故로 發其人信心하여 欻然
편   강 화 영 신   이 경 위 력 고 발 기 인 신 심   훌 연

得回하리라
득 회

信心旣發하면 勇猛精進故로 能得是經 威德勢力하여 得道
신 심 기 발   용 맹 정 진 고 능 득 시 경 위 덕 세 력   득 도

得果리라 是故善男子 善女人이 以蒙化功德故로 男子女人이
득 과   시 고 선 남 자 선 여 인 이 몽 화 공 덕 고 남 자 여 인

卽於是身 得無生法忍하여 得至上地하고 與諸菩薩 以爲
즉 어 시 신 득 무 생 법 인   득 지 상 지   여 제 보 살 이 위

眷屬하여 速能成就衆生하여 淨佛國土하고 不久得成 無上
권 속   속 능 성 취 중 생   정 불 국 토   불 구 득 성 무 상

菩提니라
보 리

善男子야 是名是經 第八功德이요 不思議力이니라
선 남 자 시 명 시 경 제 팔 공 덕   부 사 의 력

善男子여 第九是經의 不可思議 功德力者는 若善男子善
선 남 자 제 구 시 경 불 가 사 의 공 덕 력 자 약 선 남 자 선

女人이 若佛在世나 若滅度後에 有得是經하여 歡喜踊躍하며
여 인 약 불 재 세 약 멸 도 후 유 득 시 경   환 희 용 약

得未曾有하여 受持讀誦 書寫供養하며 廣爲衆人하여 分別
득 미 증 유   수 지 독 송 서 사 공 양   광 위 중 인   분 별

解說 是經義者는 卽得宿業 餘罪重障이 一時滅盡이니라
해 설 시 경 의 자 즉 득 숙 업 여 죄 중 장 일 시 멸 진

량의경을 널리 사람을 위하여 설할지니라.

만일 사람이 예로부터 지금까지 도무지 죄와 복이 있음을 믿지 않는 자에게 이 경을 보이고 갖가지 방편을 지어 굳세게 교화해서 그로 하여금 믿게 할지니, 이 경의 위력으로 그 사람이 믿는 마음을 일으켜 홀연히 돌리게 되리라.

이미 믿는 마음을 일으키면 용맹정진하는 까닭에 능히 이 경의 위덕과 세력을 얻어 도를 얻고 과를 얻으리라.

그러므로 선남자 선여인이 교화를 입은 공덕으로 남자이거나 여자이거나 곧 몸에서 무생법인을 얻어 상지에 이르게 되고, 모든 보살과 함께 권속이 되어 능히 중생을 속히 성취시켜서 불국토를 깨끗이 하고, 오래지 않아서 무상보리를 이룩하게 하느니라.

선남자야, 이것이 이 경의 여덟째의 공덕이요 부사의한 힘이니라.

선남자야, 아홉째 이 경의 불가사의한 공덕과 힘이라 함은, 만일 선남자 선여인이 혹은 부처님께서 세상에 계시거나 혹은 멸도하신 후에 이 경을 얻게 되어 환희하고 기뻐 뛰며 미증유를 얻어서 받아 지녀 읽고 외우고 옮겨 쓰고 공양하며, 널리 여러 사람을 위하여 이 경의 뜻을 분별하여 해설하는 자는 곧 전세의 업장과 다른 죄의 무거운 장애가 일시에 소멸함을 얻느니라.

便得淸淨하고 逮得大辯하여 次第莊嚴 諸波羅蜜하고 獲諸
변득청정   체득대변   차제장엄 제바라밀   획제

三昧首楞嚴三昧하여 入大總持門하여 得勤精進力하고 速得
삼매수능엄삼매   입대총지문   득근정진력   속득

越上地하여 善能分身散體 遍十方國土하여 拔濟一切 二
월상지   선능분신산체 변시방국토   발제일체   이

十五有極苦衆生하여 悉令解脫하리라
십오유극고중생   실령해탈

是故是經은 有如此力이니라
시고시경   유여차력

善男子여 是名是經 第九功德이요 不思議力이니라
선남자   시명시경 제구공덕   부사의력

善男子여 第十是經의 不可思議 功德力者는 若善男子 善
선남자   제십시경   불가사의 공덕력자   약선남자 선

女人이 若佛在世나 若滅度後에 若得是經하고 發大歡喜하며 生
여인   약불재세   약멸도후   약득시경   발대환희   생

希有心하며 旣自受持讀誦 書寫供養하며 如說修行하며 復
희유심   기자수지독송 서사공양   여설수행   부

能廣勸在家出家人하여 受持讀誦書寫供養解說하며
능광권재가출가인   수지독송서사공양해설

如法修行하면 旣令餘人 修行是經力故로 得道得果하리라
여법수행   기령여인 수행시경력고   득도득과

皆由是善男子 善女人의 慈心勤化力故로 是善男子 善女
개유시선남자 선여인   자심근화력고   시선남자 선여

人은 卽於是身으로 便逮得無量 諸陀羅尼門하리라
인   즉어시신   변체득무량 제다라니문

於凡夫地 自然初時에 能發無數阿僧祇 弘誓大願하고 深
어범부지 자연초시   능발무수아승기 홍서대원   심

곧 청정함을 얻고 속히 큰 변재를 얻어 점차 모든 바라밀로 장엄하고 모든 삼매 수능엄삼매를 얻어 큰 총지문에 들어서 부지런히 정진력을 얻고, 속히 상지를 넘어서 능히 몸을 나누어 시방 국토에 흩어서 일체 이십오유의 극히 괴로운 중생을 빼내어 제도해서 모두 해탈을 얻게 하리라.
이 경은 이런 까닭으로 이러한 힘이 있느니라.
선남자야, 이것이 이 경의 아홉째의 공덕이요 부사의한 힘이니라.

선남자야, 열째 이 경의 불가사의한 공덕과 힘이라 함은, 만일 선남자 선여인이 혹은 부처님께서 세상에 계시거나 혹은 멸도하신 후에 이 경을 얻고서 큰 환희를 일으켜 희유한 마음을 내어 스스로 받아 지녀 읽고 외우고 옮겨 쓰고 공양하며 설함과 같이 닦고 행하며, 또는 널리 재가이거나 출가한 사람들에게 권하여 받아 지녀 읽고 외우고 옮겨 쓰고 공양하고 해설하며 법과 같이 닦고 행하게 하면, 이미 다른 사람으로 하여금 이 경을 닦고 행하도록 한 힘의 인연으로 도를 얻고 과를 얻으리라.
이 선남자 선여인의 자비로운 마음으로 부지런히 교화하는 힘에 의하여, 이 선남자 선여인은 곧 몸으로 한량없는 모든 다라니문을 속히 얻으리라.
범부지에서 처음부터 수가 없는 아승기의 넓고 큰 서원을 저

能發救 一切衆生하여 **成就大悲**하고 **廣能拔衆苦**하여 **厚集善**
능발구 일체중생　 성취대비　 광능발중고　 후집선
根하여 **饒益一切**하리라
근　 요익일체
而演法澤하여 **洪潤枯涸**하며 **能以法藥**으로 **施諸衆生**하여 **安樂**
이연법택　 홍윤고학　 능이법약　 시제중생　 안락
一切하고 **漸見超登 住法雲地**니라
일체　 점견초등 주법운지
恩澤普潤하여 **慈被無外**하고 **攝苦衆生**하여 **令入道跡**이라 **是**
은택보윤　 자피무외　 섭고중생　 영입도적　 시
故此人은 **不久得成 阿耨多羅三藐三菩提**하리라
고차인　 불구득성 아뇩다라삼먁삼보리
善男子야 **是名是經 第十功德**이요 **不思議力**이니라
선남자　 시명시경 제십공덕　 부사의력
善男子여 **如是無上 大乘無量義經**은 **極有大威神之力**하고
선남자　 여시무상 대승무량의경　 극유대위신지력
尊無過上이니라 **能令諸凡夫皆聖果**하여 **永離生死**하고 **皆得**
존무과상　 능령제범부개성과　 영리생사　 개득
自在라 **是故此經 名無量義也**니라 **能令一切衆生**으로 **於凡**
자재　 시고차경 명무량의야　 능령일체중생　 어범
夫地 生起諸菩薩 無量道芽하며 **令功德樹鬱茂扶疏增長**하
부지 생기제보살 무량도아　 영공덕수울무부소증장
니 **是故此經**은 **號不可思議功德力**이니라
　 시고차경　 호불가사의공덕력
於時에 **大莊嚴菩薩摩訶薩及 八萬菩薩摩訶薩**이 **同聲白佛**
어시　 대장엄보살마하살급 팔만보살마하살　 동성백불
言하되
언

절로 일으키고, 능히 일체 중생을 구하려는 마음을 깊이 일으켜 대비를 성취하고, 널리 능히 여러 가지의 괴로움을 뽑아 많은 선근을 모아서 일체를 요익되게 하리라.
더욱 법의 윤택함을 설하여 널리 목마름을 적시며, 능히 법의 약으로써 모든 중생에게 보시하여 일체를 안락하게 하고, 점차로 높이 올라가서 법운지에 머무름을 보리라.
은혜를 널리 적시어 자비에서 빠지는 사람이 없고, 괴로운 중생을 이끌어 도의 자취를 밟아 들어가게 하느니라.
그러므로 이 사람은 오래지 않아 아뇩다라삼먁삼보리를 이룩하여 얻으리라.
선남자야, 이것이 이 경의 열째의 공덕이요 부사의한 힘이니라.

선남자야, 이와 같은 위없는 대승의 무량의경은 지극히 큰 위신력이 있고 존귀함이 위에 지남이 없느니라. 능히 모든 범부로 하여금 다 성과를 이룩해서 영원히 생사를 여의고 자재함을 얻게 하느니라.
그러므로 이 경의 이름을 '무량의'라 하느니라. 능히 일체 중생으로 하여금 범부지에서 모든 보살의 한량없는 도의 싹이 나오도록 하며, 공덕의 나무로 하여금 울창하고 무성하게 하여 가지가 뻗어서 더욱 자라게 할 것이니라.
그러므로 이 경은 불가사의한 공덕과 힘이 있다고 하느니라."

이때 대장엄보살마하살과 팔만의 보살마하살이 같은 소리로 부처님께 사뢰었다.

無量義經 十功德品 第三

世尊이시여 如佛所說 甚深微妙無上大乘 無量義經은 文理
세존   여불소설 심심미묘무상대승 무량의경   문리
眞正하고 尊無過上하니 三世諸佛이 所共守護며 無有衆魔群
진정   존무과상   삼세제불   소공수호   무유중마군
道得入하고 不爲一切 邪見生死 之所壞敗하나이다
도득입   불위일체 사견생사 지소괴패
是故此經은 乃有如是 十功德不思議力也니이다 大饒益無
시고차경   내유여시 십공덕부사의력야   대요익무
量一切衆生하며 令一切諸菩薩摩訶薩로 各得無量義三昧
량일체중생   영일체제보살마하살   각득무량의삼매
하며 或得百千陀羅尼門하며 或令得菩薩諸地諸忍하며 或得
     혹득백천다라니문   혹영득보살제지제인   혹득
緣覺羅漢四道果證이니이다 世尊慈愍하사 快爲我等 說如是
연각나한사도과증   세존자민   쾌위아등 설여시
法하사 令我大獲法利니이다 甚爲奇特 未曾有也니이다
법   영아대획법리   심위기특 미증유야
世尊慈恩은 實難可報니이다
세존자은   실난가보
作是語已하니 爾時三千大千世界는 六種震動하고 於上空
작시어이   이시삼천대천세계   육종진동   어상공
中에서 復雨種種天華 天優鉢羅華 鉢曇摩華 拘物頭華 分
중   부우종종천화 천우발라화 발담마화 구물두화 분
陀利華하며 又雨無數種種 天香天衣와 天瓔珞 天無價寶하되
다리화   우우무수종종 천향천의   천영락 천무가보
於上空中旋轉來下하여 供養於佛 及諸菩薩 聲聞大衆이라
어상공중선전래하   공양어불 급제보살 성문대중
天廚 天鉢器에 天百味 充滿盈溢하니 見色聞香하여도 自然
천주 천발기   천백미 충만영일   견색문향   자연

"세존이시여, 부처님께서 설하신 바와 같이 심히 깊고 미묘하며 위없는 대승의 무량의경은 글 뜻이 진정하고 존귀함이 위에 지남이 없나이다. 삼세의 모든 부처님께서 함께 수호하시는 바이며, 모든 마군과 여러 외도가 들어올 수 없고, 일체 사견과 생사에 무너지거나 패하지 아니하오리다.

그러므로 이 경에는 곧 이와 같은 열 가지 공덕과 부사의한 힘이 있나이다.

한량없는 일체 중생을 크게 이익되게 하며, 일체의 모든 보살마하살로 하여금 각각 무량의삼매를 얻게 하며, 혹은 백천의 다라니문을 얻게 하며, 혹은 보살의 모든 경지와 모든 인욕을 얻게 하며, 혹은 연각과 나한의 네 가지 도와 과를 증득하게 하나이다. 세존께서는 어여삐 여기시어 이러한 법을 쾌히 저희들에게 설하시어 저희들로 하여금 큰 법의 이익을 얻게 하셨나이다. 심히 기이하옵고 특히 미증유이옵니다.

세존의 자비와 은혜는 실로 보답하기 어렵나이다."

이 말씀을 마치니, 그때 삼천대천세계는 여섯 가지로 진동하고 허공 위에서는 또다시 갖가지 하늘꽃, 하늘의 우발라꽃과 발담마꽃과 구물두꽃과 분다리꽃이 비 오듯이 내리며, 또 수 없는 갖가지 하늘의 향과 하늘의 옷과 하늘의 영락과 하늘의 값이 없는 보배가 비 오듯이 내리되, 허공에서 빙빙 돌면서 내려와 부처님과 모든 보살과 성문 대중을 공양하였다.

飽足이라
포 족

天幢天幡과 天軒蓋天妙樂具를 處處安置하여 作天伎樂 歌
천당천번　 천헌개천묘악구　 처처안치　　작천기악　가

歎於佛이라
탄 어 불

又復六種震動 東方恒河沙等 諸佛世界하며 亦雨天華 天
우부육종진동 동방항하사등　 제불세계　 역우천화 천

香 天衣와 天瓔珞 天無價寶하며 天廚 天鉢器 天百味를 見
향 천의　 천영락 천무가보　　 천주 천발기 천백미　 견

色聞香하면 自然飽足하며 天幢 天幡 天軒蓋 天妙樂具를
색문향　　 자연포족　　 천당　천번　천헌개　천묘악구

處處安置하여 作天伎樂하여 歌歎彼佛 及諸菩薩 聲聞大衆이라
처처안치　　 작천기악　　 가탄피불 급제보살 성문대중

南西北方 四維上下도 亦復如是니라
남서북방 사유상하　 역부여시

爾時에 佛告 大莊嚴菩薩摩訶薩 及八萬菩薩摩訶薩言하시되
이 시　 불고 대장엄보살마하살 급팔만보살마하살언

汝等은 當於此經 應深起敬心하고 如法修行하여 廣化一切하되
여등　 당어차경 응심기경심　　 여법수행　　 광화일체

勤心流布하라
근 심 유 포

常當慇懃 晝夜守護하여 令諸衆生 各獲法利하라 汝等眞是
상당은근 주야수호　　 영제중생 각획법리　　 여등진시

大慈大悲니 以立神通願力하여 守護是經하여 勿使疑滯하라
대자대비　 이입신통원력　　 수호시경　　 물사의체

汝於當時 必令廣行閻浮提하여 令一切衆生 使得見聞 讀
여어당시 필령광행염부제　　 영일체중생 사득견문 독

하늘 부엌의 하늘 발우에다 하늘의 백 가지 음식을 가득 담았으니, 빛을 보고 향기를 맡아도 저절로 배부르고 만족하였다.
하늘의 깃대와 하늘의 기와 하늘의 헌개와 하늘의 묘한 악구를 곳곳에 놓아 두어 하늘의 기악을 지어서 부처님을 찬탄하여 노래 불렀다.
또 동방 항하사 등의 모든 부처님의 세계는 여섯 가지로 진동하며 또한 하늘의 꽃과 하늘의 향과 하늘의 옷과 하늘의 영락과 하늘의 값이 없는 보배가 비 내리듯 하며, 하늘 부엌의 하늘 발우의 백 가지 음식을 빛을 보고 향기를 맡으면 저절로 배부르고 만족하며, 하늘의 깃대와 하늘의 기와 하늘의 헌개와 하늘의 묘한 악구를 곳곳에 놓아 두어 하늘의 기악을 지어 그 부처님과 모든 보살과 성문 대중을 찬탄하여 노래 불렀다.
남서북방의 사유·상하도 또다시 이와 같았다.

그때 부처님께서 대장엄보살마하살과 팔만의 보살마하살에게 말씀하셨다.
"너희들은 마땅히 이 경에 깊이 공경하는 마음을 일으키고 법과 같이 닦고 행하여 널리 일체를 교화하되 부지런한 마음으로 널리 펴라.
항상 마땅히 부지런히 밤낮으로 수호해서 모든 중생으로 하여금 각각 법의 이익을 얻게 하라.
너희들은 진실로 대자대비가 되니니 신통원력을 세워서 이 경을 수호하여 의심하고 머물러 있지 않게 하라. 너희는 마땅히 이때 반드시 널리 사바세계에서 행하여 일체 중생으로 하여금

誦書寫供養이니라 以是之故로 亦疾令汝等速得阿耨多羅
송 서 사 공 양   이 시 지 고   역 질 령 여 등 속 득 아 녹 다 라
三藐三菩提하리라
삼 먁 삼 보 리
是時에 大莊嚴菩薩摩訶薩이 與八萬菩薩摩訶薩로 即從坐
시 시   대 장 엄 보 살 마 하 살   여 팔 만 보 살 마 하 살   즉 종 좌
起하여 來詣佛所하여 頭面禮足하고 遶百千帀하고 即前胡跪하
기   내 예 불 소   두 면 예 족   요 백 천 잡   즉 전 호 궤
고 俱共同聲 白佛言하되 世尊이시여 我等은 快蒙 世尊慈愍이
   구 공 동 성 백 불 언   세 존   아 등   쾌 몽 세 존 자 민
니이다

爲我等說 是深微妙 無上大乘 無量義經하시니 敬受佛勅하여
위 아 등 설 시 심 미 묘 무 상 대 승 무 량 의 경   경 수 불 칙
於如來滅後에 當廣令流布 是經典者하여 普令一切 受持
어 여 래 멸 후   당 광 령 유 포 시 경 전 자   보 령 일 체 수 지
讀誦 書寫供養이니라 唯願勿垂憂慮하소서 我等當以願力으로
독 송 서 사 공 양   유 원 물 수 우 려   아 등 당 이 원 력
普令一切衆生使得此經하여 見聞讀誦 書寫供養하여 得是
보 령 일 체 중 생 사 득 차 경   견 문 독 송 서 사 공 양   득 시
經威神之福하리이다
경 위 신 지 복

爾時에 佛讚言하시되
이 시   불 찬 언

善哉善哉라 諸善男子야 汝等今者 眞是佛子라 弘大慈大
선 재 선 재   제 선 남 자   여 등 금 자 진 시 불 자   홍 대 자 대
悲로 深能拔苦하여 救厄者라
비   심 능 발 고   구 액 자

보고 듣고 읽고 외우고 옮겨 쓰고 공양하도록 하라. 이런 까닭으로 너희들이 속히 아뇩다라삼먁삼보리를 얻게 되리라."

이때 대장엄보살마하살이 팔만의 보살마하살과 함께 곧 자리에서 일어나 부처님 계신 곳에 와서 머리를 조아려 발에 절하고 백천 번을 돌고 곧 앞에서 오른편 무릎을 꿇고 함께 같은 소리로 부처님께 사뢰었다.
"세존이시여, 저희들은 즐겁게도 세존의 자민하심을 얻었나이다. 저희들을 위하여 심히 깊고 미묘한 위없는 대승의 이 무량의경을 설하시니, 공경하는 마음으로 부처님의 분부를 받들어 여래께서 멸도하신 후 마땅히 널리 이 경전을 유포하여 널리 일체로 하여금 받아 지녀 읽고 외우고 옮겨 쓰고 공양하게 하오리다.
오직 원컨대 근심하지 마시옵소서. 저희들이 마땅히 원력으로써 널리 일체 중생으로 하여금 이 경을 얻어 보고 듣고 읽고 외우고 옮겨 쓰고 공양하게 하여
이 경의 크고도 높은 복을 얻도록 하겠나이다."

그때 부처님께서 찬탄하여 말씀하시되,
"착하고 착하다. 모든 선남자야, 너희들은 이제 참된 부처님의 아들이니라. 넓고 큰 대자대비로 능히 깊은 괴로움을 뽑아 괴로움의 액에서 구해내는 자이니라.

一切衆生之良福田이며 廣爲一切 作大良導師하니 一切衆
일체중생지양복전　　　광위일체　작대량도사　　　일체중

生之大依止處이며 一切衆生之大施主라 常以法利 廣施一
생지대의지처　　일체중생지대시주　　상이법리 광시일

切하라
체

爾時에 大會는 皆大歡喜하여 爲佛作禮하고 受持而去니라
이시　대회　개대환희　　　위불작례　　수지이거

【 無量義經 十功德品 終 】

일체 중생의 좋은 복전이며, 널리 일체를 위하여 크고도 좋은 도사가 되었으니 일체 중생이 크게 의지할 곳이며 일체 중생의 큰 시주라, 항상 법의 이익으로써 널리 일체에 보시하라."

그때 대회의 대중들은 모두 크게 환희하여 부처님께 예배하고 받아 지녀서 물러갔다.

佛說觀普賢菩薩行法經

불설관보현보살행법경

佛說觀普賢菩薩行法經
불설관보현보살행법경

如是我聞하노라
여시아문

一時에 佛在毘舍離國에 大林精舍重閣講堂하사 告諸比丘
일시 불재비사리국 대림정사중각강당 고제비구

하사대 却後三月에 我當般涅槃하리라
      각후삼월 아당반열반

尊者阿難이 卽從座起하여 整衣服하고 叉手合掌하고 遠佛三
존자아난 즉종좌기 정의복 차수합장 요불삼

匝하여 爲佛作禮하고 胡跪合掌하고 諦觀如來하되 目不暫捨라
잡   위불작례 호궤합장 체관여래 목부잠사

長老摩訶迦葉과 彌勒菩薩摩訶薩이 亦從座起하여 合掌作
장로마하가섭 미륵보살마하살 역종좌기 합장작

禮하고 瞻仰尊顔하며 時三大士는 異口同音으로 而白佛言하되
례   첨앙존안 시삼대사 이구동음 이백불언

世尊이시여 如來滅後에 云何衆生起菩薩心하며 修行大乘
세존   여래멸후 운하중생기보살심 수행대승

方等經典하며 正念思惟一實境界하고 云何不失無上菩提
방등경전 정념사유일실경계 운하불실무상보리

之心하나이까 云何復當 不斷煩惱하고 不離五欲이라도 得淨
지심   운하부당 부단번뇌 불리오욕 득정

諸根 滅除諸罪하며 父母所生淸淨常眼으로 不斷五欲으로
제근 멸제제죄 부모소생청정상안 부단오욕

而能得見諸障外事니잇고
이능득견제장외사

불설관보현보살행법경

이와 같이 나는 들었다.
어느 때 부처님께서 비사리국의 대림정사 이층 강당에 계시면서 모든 비구에게 말씀하셨다.
"지금부터 석 달 뒤에 내가 반열반에 들리라."
존자 아난이 곧 자리에서 일어나 옷을 바로잡고, 손을 모아 합장한 뒤 부처님을 세 번 돌며 부처님을 향하여 예배하고 무릎을 꿇어 합장하고 우러러 보며 잠시도 눈을 떼지 않았다.
장로 마하가섭과 미륵보살마하살도 자리에서 일어나 합장 예배하고 부처님의 얼굴을 우러러보고 있었다.
이때 세 분의 대사가 입을 모아 같은 소리로 부처님께 사뢰었다.
"세존이시여, 여래께서 멸도하신 후 어떻게 해야 중생들이 보살의 마음을 일으키며 대승의 방등경전을 수행하며 바른 생각으로 일실의 경계를 생각하겠나이까. 어떻게 해야 위없는 보리심을 잃지 않겠나이까. 어떻게 해야 번뇌가 끊이지 않고 오욕에서 떠나지 못하였을지라도 모든 근을 맑게 하고 모든 죄를 멸하여 제하며, 부모가 낳아 주신 청정한 눈으로 오욕을 끊지 못하고도 능히 모든 장애 밖의 일을 볼 수 있겠나이까."

佛告阿難하사되 諦聽하고 諦聽하여 善思念之하라 如來昔在
불 고 아 난　　제 청　　　제 청　　　선 사 념 지　　여 래 석 재
耆闍崛山及餘住處하사 已廣分別 一實之道나 今於此處에
기 사 굴 산 급 여 주 처　　이 광 분 별　일 실 지 도　　금 어 차 처
서 爲未來世 諸衆生等 欲行大乘 無上法者와 欲學普賢
　위 미 래 세　제 중 생 등　욕 행 대 승　무 상 법 자　욕 학 보 현
行 欲學普賢行者하여 我今當說 其憶念法하리라
행 욕 학 보 현 행 자　　아 금 당 설　기 억 념 법
若見普賢 及不見者가 除却罪數를 今爲汝等 當廣分別하리라
약 견 보 현　급 불 견 자　제 각 죄 수　금 위 여 등　당 광 분 별
阿難아 普賢菩薩은 乃生東方 淨妙國土며 其國土相은
아 난　보 현 보 살　　내 생 동 방　정 묘 국 토　　기 국 토 상
雜華經中에서 已廣分別하니라 我今於此經 略而解說하리라
잡 화 경 중　　이 광 분 별　　아 금 어 차 경　약 이 해 설
阿難아 若比丘 比丘尼와 優婆塞 優婆夷와 天龍八部一切
아 난　약 비 구　비 구 니　　우 바 새　우 바 이　천 룡 팔 부 일 체
衆生의 誦大乘經者 修大乘者 發大乘意者 樂見普賢菩
중 생　송 대 승 경 자　수 대 승 자　발 대 승 의 자　요 견 보 현 보
薩色身者 樂見多寶佛塔者 樂見釋迦牟尼佛及分身諸佛
살 색 신 자　요 견 다 보 불 탑 자　요 견 석 가 모 니 불 급 분 신 제 불
者 樂得六根淸淨者 當學是觀이니라 此觀功德이 除諸障
자　요 득 육 근 청 정 자　당 학 시 관　　　차 관 공 덕　제 제 장
礙하고 見上妙色하니라
애　　견 상 묘 색
不入三昧라도 但誦持故로 專心修習하여 心心相次하여
불 입 삼 매　　단 송 지 고　전 심 수 습　　심 심 상 차
不離大乘이 一日至三七日하면 得見普賢하리라
불 이 대 승　일 일 지 삼 칠 일　　득 견 보 현

부처님께서 아난에게 말씀하셨다.
"잘 듣고 자세히 들어서 잘 생각하여라. 여래가 옛날에 기사굴산과 다른 곳에 있을 적에 이미 널리 일실의 도를 분별하였으나, 지금 이곳에서 미래세의 모든 중생들이 대승의 위없는 법을 행하고자 하는 자와 보현행을 배우고 보현행을 행하고자 하는 자를 위하여 내가 지금 마땅히 그 생각할 법을 설하리라.
보현을 보거나 또한 보지 못한 자가 죄를 소멸하는 일을 이제 너희들을 위하여 널리 분별하겠노라.

아난아, 보현보살은 동방의 정묘국토에 태어났으며, 그 국토의 모습은 잡화경에서 이미 널리 분별하였거니와 내가 지금 이 경에서 간략히 해설하겠노라.
아난아, 만일 비구·비구니·우바새·우바이·천룡팔부 일체 중생의 대승의 경을 외우는 자와 대승을 닦는 자와 대승의 뜻을 일으키는 자와 보현보살의 색신을 보기를 원하는 자와 다보불탑 보기를 원하는 자와 석가모니 부처님과 분신의 모든 부처님 뵙기를 원하는 자와 육근의 청정함을 얻기 원하는 자는 마땅히 이 관법을 배워야 하느니라.
이 관법의 공덕은 모든 장애를 제거하고 높고 묘한 색을 보게 하느니라.
삼매에 들지 않아도 다만 외우고 지녀서 마음을 한결같이 닦고 익혀서, 마음과 마음이 서로 잇달아 대승에서 떠나지 않는 것이 하루로부터 삼칠일에 이르면 보현을 보게 되리라.

有重障者는 七七日盡 然後得見하며 復有重者는 一生得
유중장자　칠칠일진 연후득견　　부유중자　일생득
見하며 復有重者는 二生得見하며 復有重者는 三生得見하나
견　　부유중자　이생득견　　부유중자　삼생득견
니 如是種種 業報不同하니 是故異說이니라
　여시종종 업보부동　　시고이설
普賢菩薩은 身量無邊하며 音聲無邊하며 色像無邊이나
보현보살　신량무변　　음성무변　　색상무변
欲來此國하여 入自在神通하여 促身令小라
욕래차국　　입자재신통　　촉신령소
閻浮提人은 三障重故로 以智慧力으로 化乘白象이니라 其象
염부제인　삼장중고　이지혜력　　화승백상　　　　기상
六牙하고 七支跓地하며 其七支下에 生七蓮華라 其象色鮮
육아　　칠지주지　　기칠지하　　생칠연화　기상색선
白이며 白中上者라 頗梨雪山도 不得爲比니라
백　　백중상자　파리설산　부득위비
象身長四百五十由旬이요 高四百由旬이며 於六牙端에는 有
상신장사백오십유순　　고사백유순　　어육아단　　유
六浴池하고 一一浴池中에는 生十四蓮華하되 與池正等히며
육욕지　　일일욕지중　　생십사연화　　여지정등
其華開敷는 如天樹王이라
기화개부　여천수왕
一一華上에 有一玉女하니 顏色如紅하며 輝有過天女하며
일일화상　유일옥녀　　안색여홍　　휘유과천녀
手中自然 化五箜篌라 一一箜篌에는 五百樂器로 以爲眷屬
수중자연 화오공후　　일일공후　　오백악기　이위권속
하고 有五百飛鳥하되 鳧雁鴛鴦이 皆衆寶色으로 生花葉間이라
　　유오백비조　　부안원앙　개중보색　　생화엽간

무거운 업장이 있는 자는 사십구일이 다한 후에 보게 되며, 더욱 무거운 자는 일 생만에 보게 되며, 더욱 무거운 자는 이 생만에 보게 되며, 더욱 무거운 자는 삼 생만에 보게 되나니, 이와 같이 갖가지로 업보가 같지 않으므로 다르게 설하느니라.

보현보살의 몸은 끝없고 음성도 끝없으며 모양도 끝없으나, 이 국토에 오고자하여 자재한 신통에 들어 몸을 줄여서 작게 하였느니라.
염부제의 사람들은 세 가지의 장애가 무겁기 때문에 지혜의 힘으로써 변화하여 흰 코끼리를 타느니라. 그 코끼리는 여섯 개의 어금니가 있고 일곱 개의 다리를 땅이 받치며, 그 일곱 개의 다리 밑에는 일곱 송이의 연꽃이 피어 있느니라. 코끼리의 빛은 곱고 희며, 흰 빛 가운데서도 으뜸이고 파리의 설산도 견주지 못하리라.
몸의 길이는 사백오십 유순이고, 높이는 사백 유순이며, 여섯 어금니의 끝에는 여섯 개의 목욕하는 못이 있고, 하나하나의 목욕하는 못 가운데에는 열네 가지의 연꽃이 나서 못과 같으며, 그 꽃이 활짝 피면 하늘의 수왕과 같으니라.
하나하나의 꽃 위에는 한 옥녀가 있으니, 얼굴빛은 다홍과 같아 천녀보다 더욱 빛나며, 손에는 저절로 다섯 개의 공후가 변화하니, 하나하나의 공후에는 오백 가지 악기가 권속이 되고, 오백 가지의 나는 새가 있으니, 물오리·기러기·원앙새들이 모두 여러 가지 보배 빛을 하고 꽃과 잎 사이에서 사느니라.

象鼻有華하되 其莖譬如 赤眞珠色하며 其華金色으로 含而
상비유화   기경비여   적진주색   기화금색   함이
未敷라 見是事已하고 復更懺悔하여 至心諦觀하고 思惟大乘
미부   견시사이   부갱참회   지심체관   사유대승
하되 心不休廢하면 見華卽敷하되 金色金光이니라
    심불휴폐   견화즉부   금색금광
其蓮華臺는 是甄叔迦寶 妙梵摩尼로 以爲華鬘하며 金剛寶
기연화대   시견숙가보 묘범마니   이위화만   금강보
珠로 以爲華鬚하고 見有化佛 坐蓮華臺하며 衆多菩薩은
주   이위화수   견유화불 좌연화대   중다보살
坐蓮華鬚이니라 化佛眉間에는 亦出金色光하여 入象鼻中하며
좌연화수   화불미간   역출금색광   입상비중
從象鼻出하여 入象眼中하고 從象眼出 入象耳中하며
종상비출   입상안중   종상안출 입상이중
從象耳出하여 照象頂上하고 化作金臺나라
종상이출   조상정상   화작금대
其象頭上 有三化人하되 一捉金輪하고 一持摩尼珠하며 一
기상두상 유삼화인   일착금륜   일지마니주   일
執金剛杵라
집금강저
擧杵擬象하면 象卽能行하되 脚不履地하고 躡虛而遊하되
거저의상   상즉능행   각불리지   섭허이유
離地七尺이나 地有印文이라
이지칠척   지유인문
於印文中에는 千輻轂輞이 皆悉具足하여 一一輞間에는
어인문중   천폭곡망   개실구족   일일망간
生一大蓮華하며 此蓮華上에는 生一化象하되 亦有七支하여
생일대연화   차연화상   생일화상   역유칠지

코끼리의 코에 꽃이 있으니, 그 줄기는 비유하면 붉은 진주빛이요, 그 꽃은 금빛으로 아직 피지 않은 봉오리이니라. 이러한 일을 보고 또다시 참회하여 지극한 마음으로 밝게 관하고, 대승을 생각하되 마음에서 놓지 않고 쉬지 않으면 곧 꽃이 피는 것을 보되 금빛으로 빛나리라.

그 연꽃의 대는 견숙가보와 묘범마니로써 꽃받침이 되고, 금강 보배구슬로써 꽃술이 되었으며, 변화하신 부처님께서 연화대에 앉아 계시고 많은 보살들이 꽃술에 앉아 있는 것이 보이느니라. 변화하신 부처님의 미간에서는 금빛 광명이 나와서 코끼리의 코로 들어가고, 코끼리의 코에서 나와서 코끼리의 눈으로 들어가며, 코끼리의 눈에서 나와서는 귀로 들어가고, 코끼리의 귀에서 나와서는 정수리를 비추고 변화하여 황금대를 이루느니라.

그 코끼리의 머리 위에는 세 사람이 변화하여 나타나니, 한 사람은 금륜을 붙잡았고 한 사람은 마니구슬을 지녔으며 한 사람은 금강저를 잡았느니라.

금강저를 들어 코끼리를 인도하면 코끼리는 곧 능히 걸어가되, 발이 땅에 닿지 않고 허공을 밟고 자유자재로 다니는데, 땅 위에서 일곱 자를 떠 있으나 땅에는 발자국이 남아 있느니라.

발자국 속에는 천 개의 바퀴살이 모두 구족하며, 하나하나의 바퀴살 사이에서는 큰 연꽃이 솟아나오며, 이 연꽃 위에서 하나의 변화한 코끼리가 나오되 또한 일곱 개의 발이 있어

隨大象行이라
수 대 상 행

擧足下足에 生七千象하여 以爲眷屬하여 隨從大象이라 象鼻
거족하족   생칠천상   이위권속   수종대상 상비

紅蓮華色이며 上有化佛하사 放眉間光하시니 其光金色이라
홍연화색   상유화불   방미간광   기광금색

如前入象鼻中하고 從象鼻出하여 入象眼中하며 從象眼出하여
여전입상비중   종상비출   입상안중   종상안출

還入象耳하며 從象耳出하여 至象頸上하여 漸漸上至象背하며
환입상이   종상이출   지상경상   점점상지상배

化成金鞍하고 七寶校具라
화성금안   칠보교구

於鞍四面有七寶柱하고 衆寶校飾하여 以成寶臺하고 臺中有
어안사면유칠보주   중보교식   이성보대   대중유

一 七寶蓮華니 其蓮華鬚는 百寶共成하며 其蓮華臺는
일 칠보연화   기연화수   백보공성   기연화대

是大摩尼라
시 대 마 니

有一菩薩 結加趺坐하시니 名曰普賢이라 身白玉色이요
유일보살 결가부좌   명왈보현   신백옥색

五十種光이며 光五十種色으로 以爲項光이라
오십종광   광오십종색   이위항광

身諸毛孔으로 流出金光하며 其金光端에 無量化佛하시고
신제모공   유출금광   기금광단   무량화불

諸化菩薩이 以爲眷屬이니라
제화보살   이위권속

安詳徐步하고 雨大寶華하며 至行者前하여 其象開口하니
안 상 서 보   우 대 보 화   지 행 자 전   기 상 개 구 큰 코끼리를 따라 가느니라.

발을 들고 발을 내릴 적에 칠천 마리의 코끼리가 나와 권속이 되어 큰 코끼리를 따르느니라. 코끼리의 코는 붉은 연꽃빛이며, 위에 계신 변화하신 부처님께서는 눈썹 사이로 광명을 놓으시니 그 광명은 금빛이니라. 앞에서와 같이 코끼리의 코로 들어가고, 코끼리의 코에서 나와서는 코끼리의 눈으로 들어가며, 코끼리의 눈에서 나와서 다시 코끼리의 귀로 들어가고, 코끼리의 귀에서 나와서는 코끼리의 목 위에 이르러 점점 위로 올라가 코끼리의 등에 이르러 변화하여 금안장이 되고 칠보로 갖추어 꾸몄느니라.

안장의 사방에는 일곱 가지 보배기둥이 서 있고 여러 가지 보배로 꾸며서 보배대를 이루고 대 가운데는 하나의 칠보 연꽃의 꽃술이 있으니, 그 연꽃의 꽃술은 백 가지 보배로 이루어졌으며 그 연꽃의 대는 큰 마니주이니라.

한 분의 보살이 그 위에 가부좌를 맺고 계시니 이름이 보현이라, 몸은 백옥 같은 빛으로 오십 가지의 광명이 있고, 광명은 오십 가지의 빛으로 목의 광명을 이루느니라.

몸의 모든 털구멍에서는 금빛이 흘러나오고, 그 금빛의 끝에는 한량없는 변화한 부처님이 계시고 모든 변화한 보살들을 권속으로 삼았느니라.

고요하게 천천히 걸으며 큰 보배꽃을 뿌리면서 행자 앞에 이

於象牙上에서 諸池玉女가 鼓樂絃歌하니 其聲微妙하여
어 상 아 상　　제 지 옥 녀　　고 악 현 가　　　기 성 미 묘

讚歎大乘一實之道라
찬 탄 대 승 일 실 지 도

行者見已하고 歡喜敬禮하며 復更讀誦 甚深經典하며
행 자 견 이　　환 희 경 례　　부 갱 독 송 심 심 경 전

遍禮十方 無量諸佛하고 禮多寶佛塔 及釋迦牟尼佛하며
변 례 시 방 무 량 제 불　　예 다 보 불 탑 급 석 가 모 니 불

幷禮普賢諸大菩薩하고 發是誓言이니라
병 례 보 현 제 대 보 살　　발 시 서 언

若我宿福하면 應見普賢하리라 願尊者遍吉示我色身하소서
약 아 숙 복　　응 견 보 현　　원 존 자 변 길 시 아 색 신

作是願已하며 晝夜六時에 禮十方佛하고 行懺悔法하며
작 시 원 이　　주 야 육 시　　예 시 방 불　　행 참 회 법

讀大乘經하며 誦大乘經하고 思大乘義하며 念大乘事하며
독 대 승 경　　송 대 승 경　　사 대 승 의　　염 대 승 사

恭敬供養 持大乘者하고 視一切人猶如佛想하고 於諸衆生
공 경 공 양 지 대 승 자　　시 일 체 인 유 여 불 상　　어 제 중 생

如父母想하니라
여 부 모 상

作是念已하니 普賢菩薩은 卽於眉間 放大人相白毫光明하니라
작 시 염 이　　보 현 보 살　　즉 어 미 간 방 대 인 상 백 호 광 명

此光現時에 普賢菩薩이 身相端嚴은 如紫金山하고 端正微
차 광 현 시　　보 현 보 살　　신 상 단 엄　　여 자 금 산　　단 정 미

妙하여 三十二相이 皆悉備有라 身諸毛孔으로 放大光明하사
묘　　삼 십 이 상　　개 실 비 유　　신 제 모 공　　방 대 광 명

照其大象하시니 令作金色이라 一切化象도 亦作金色하며
조 기 대 상　　영 작 금 색　　일 체 화 상　　역 작 금 색

르러 그 코끼리가 입을 열면, 코끼리의 어금니 위에 있는 모든 못에서 옥녀가 북을 치고 거문고를 뜯고 노래를 부르니, 그 소리가 미묘하여 대승의 일실의 도를 찬탄하느니라.
행자는 이를 친견하고 기뻐서 경례하고 또다시 심히 깊은 경전을 읽고 외우며, 두루 시방의 한량없는 모든 부처님께 예배하고, 다보불탑과 석가모니 부처님께 예배하며 아울러 보현과 모든 대보살들에게 예배하고 이같은 서원을 하였느니라.
'만일 제가 숙세에 복이 있었다면 마땅히 보현을 뵈올 수 있으리라.
바라옵건대 존자께서는 두루 널리 저에게 색신을 보여주소서.'

이렇게 발원하고 나서 밤낮으로 육시에 시방의 부처님께 예배하고 참회법을 행하며 대승경을 읽고 대승경을 외우며 대승의 뜻을 생각하고 대승의 일을 생각하며, 대승 지니는 자를 공경하고 공양하며 일체의 모든 사람 보기를 마치 부처님을 생각하듯이 하고, 모든 중생을 부모를 생각하듯이 해야 하느니라.
이러한 생각을 마치면 보현보살이 곧 눈썹 사이로 대인상인 백호광명을 놓으리라.
이 광명이 나타날 때 보현보살의 신상이 장엄하여 보랏빛 자금산과 같고 단정하고 미묘하여 삼십이상이 모두 갖추어져 있느니라.
몸의 모든 털구멍에서는 큰 광명을 놓아 그 큰 코끼리를 비추니 금빛이 되게 하고, 일체의 변화한 코끼리도 또한 금빛을 이루며,

諸化菩薩도 亦作金色이라
제 화 보 살　역 작 금 색

其金色光이 照于東方 無量世界하니 皆同金色이라 南西北
기 금 색 광　조 우 동 방　무 량 세 계　　개 동 금 색　　남 서 북

方과 四維上下도 亦復如是라
방　 사 유 상 하　 역 부 여 시

爾時十方 一一方面 有一菩薩하되 乘六牙白象王하니
이 시 시 방　일 일 방 면　유 일 보 살　　승 육 아 백 상 왕

亦如普賢하여 等無有異라 如是十方 無量無邊 滿中化象도
역 여 보 현　　등 무 유 이　여 시 시 방　무 량 무 변　만 중 화 상

普賢菩薩神通力故로 令持經者로 皆悉得見이라
보 현 보 살 신 통 력 고　 영 지 경 자　 개 실 득 견

是時行者는 見諸菩薩하고 身心歡喜하여 爲其作禮 白言하사
시 시 행 자　견 제 보 살　　신 심 환 희　　위 기 작 례　백 언

大慈大悲者시여 愍念我故로 爲我說法하소서 說是語時에
대 자 대 비 자　　민 념 아 고　 위 아 설 법　　　설 시 어 시

諸菩薩等이 異口同音으로 各說淸淨大乘經法하시고 作諸偈
제 보 살 등　이 구 동 음　　각 설 청 정 대 승 경 법　　　작 제 게

頌하사 讚歎行者라 是名始觀 普賢菩薩 最初境界니라
송　　 찬 탄 행 자　 시 명 시 관　보 현 보 살　최 초 경 계

爾時行者는 見是事已하고 心念大乘하되 晝夜不捨하면 於睡
이 시 행 자　견 시 사 이　　심 념 대 승　　주 야 불 사　　어 수

眠中에 夢見普賢爲其說法이리니 如覺無異리라 安慰其心하사
면 중　 몽 견 보 현 위 기 설 법　　　여 각 무 이　　안 위 기 심

而作是言하시되 汝所誦持 忘失是句하고 忘失是偈하니라
이 작 시 언　　　여 소 송 지　망 실 시 구　　망 실 시 게

爾時行者는 聞普賢菩薩所說하고 深解義趣하여 憶持不忘
이 시 행 자　문 보 현 보 살 소 설　　심 해 의 취　　억 지 불 망

모든 변화한 보살들도 금빛을 이루느니라.

그 금빛 광명이 동방의 한량없는 세계를 비추니 모두 금빛이 되고, 남·서·북방과 네 간방 위아래도 또한 이와 같으니라. 그때 시방 하나하나의 방위마다 한 보살이 있되, 여섯 어금니를 가진 흰 코끼리의 왕을 탔으니 또한 보현과 같아 다름이 없느니라. 이와 같이 시방의 한량없고 가없이 가득 찬 변화한 코끼리도 보현보살의 신통력으로써 경을 지닌 자로 하여금 다 얻어 볼 수 있게 하느니라.

이때 행자는 모든 보살을 보고 몸과 마음이 기뻐서 그에게 예배하고 말하되 '대자대비하신 분이시여, 저를 불쌍히 여기시어 저에게 법을 설해주옵소서.' 이와 같이 말할 때 모든 보살들은 입을 모아 같은 음성으로 제각기 청정한 대승경법을 설하고, 모든 게송을 지어 행자를 찬탄하느니라. 이것을 처음으로 보현보살을 관하는 최초의 경계라고 이름하느니라.

그때 행자가 이 일을 보고 마음속에 대승을 생각하되 밤낮으로 버리지 아니하면, 잠자는 가운데 꿈에 보현이 그를 위해 법을 설하는 것을 보게 되리니 깨어 있을 때와 다름이 없으리라. 그 마음을 위로하면서 이와 같이 말씀하시되 '네가 외우고 지니는 바에서 이 구절을 잊었고, 이 게송을 잊었느니라.' 그때 행자는 보현보살의 설함을 듣고 그 의취를 깊이 해석하

하니 日日如是하여 其心漸利라 普賢菩薩이 教其憶念
　　일일여시　　기심점리　　보현보살　교기억념
十方諸佛하나라
시방제불

隨普賢敎하여 正心正意하여 漸以心眼으로 見東方佛하니
수보현교　　　정심정의　　　점이심안　　　견동방불

身黃金色이며 端嚴微妙시라 見一佛已하고 復見一佛이라
신황금색　　　단엄미묘　　　견일불이　　　부견일불

如是漸漸 遍見東方 一切諸佛하며 心想利故로 遍見十方
여시점점　변견동방　일체제불　　심상이고　　변견시방

一切諸佛이라 見諸佛已하고 心生歡喜하여 而作是言하되
일체제불　　　견제불이　　　심생환희　　　이작시언

因大乘故로 得見大士하고 因大士力故로 得見諸佛이라
인대승고　　득견대사　　　인대사력고　　득견제불

雖見諸佛이나 猶未了了하니 閉目則見하고 開目則失이라
수견제불　　　유미요료　　　폐목즉견　　　개목즉실

作是語已하고 五體投地하여 遍禮十方佛하고 禮諸佛已하고
작시어이　　　오체투지　　　변례시방불　　　예제불이

胡跪合掌하고 而作是言하사대 諸佛世尊은 十力無畏와
호궤합장　　　이작시언　　　　제불세존　　십력무외

十八不共法과 大慈大悲와 三念處하사되 常在世間의 色中
십팔불공법　　대자대비　　삼념처　　　상재세간　　색중

上色이십니다 我有何罪하여 而不得見하나이까 說是語已하고
상색　　　　　아유하죄　　　이부득견　　　　　설시어이

復更懺悔하며 懺悔淸淨已하면 普賢菩薩이 復更現前하되
부갱참회　　　참회청정이　　　보현보살　　부갱현전

行住坐臥에 不離其側하고 乃至夢中에도 常爲說法하니
행주좌와　　불리기측　　　내지몽중　　　상위설법

여 기억하여 지니고 잊어버리지 아니하니, 나날이 이와 같이 하여 그 마음이 점차로 깨닫게 되느니라. 보현보살이 그로 하여금 시방의 모든 부처님을 억념케 하느니라.

보현의 가르침을 따라 바른 마음·바른 생각을 하여 점차 마음의 눈으로써 동방의 부처님을 친견하니, 몸은 황금빛이며 단엄하고 미묘하였느니라.

한 부처님을 친견하고는 또다시 한 부처님을 친견하느니라. 이와 같이 점차로 두루 동방 일체의 모든 부처님을 친견하게 되며, 마음과 생각이 지혜로워진 까닭에 두루 시방 일체의 모든 부처님을 친견하느니라.

모든 부처님을 친견하고 마음에 환희하여 이와 같이 말하되, '대승으로 인하여 큰 보살을 친견하고, 큰 보살의 힘으로 인하여 모든 부처님을 친견할 수 있었다. 비록 모든 부처님을 친견하였으나 아직 완전하게 깨닫지 못하여, 눈을 감으면 보이고 눈을 뜨면 보이지 않는다.'

이 말을 하고는 오체를 땅에 던져 두루 시방의 부처님께 예배하고 모든 부처님께 예배를 마치고 나서 무릎을 꿇어 합장하고 이와 같이 말하되, '모든 부처님 세존께서는 십력·무외·십팔불공법·대자대비·삼념처에 계시며 항상 세간의 색 가운데 으뜸이십니다. 저는 무슨 죄가 있어 친견하지 못하나이까.'

이렇게 말하고 또다시 참회하며, 참회하여 청정해지면 보현보살이 또다시 앞에 나타나서 가고 머무르고 앉고 누울 때 그의 곁을 떠나지 않고 내지 꿈속에서도 항상 법을 설하리니,

此人覺已하고 得法喜樂하리라
차인각이 　　득법희락

如是晝夜 經三七日하고 然後方得 旋陀羅尼리라 得陀羅
여시주야 경삼칠일 　연후방득 　선다라니 　　득다라

尼故로 諸佛菩薩의 所說妙法을 憶持不失하며 亦常夢見 過
니고 　제불보살 　소설묘법 　억지부실 　　역상몽견 과

去七佛하되 唯釋迦牟尼佛이 爲其說法하시고 是諸世尊은 各
거칠불 　유석가모니불 　　위기설법 　　시제세존 　각

各稱讚 大乘經典하시느니라
각칭찬 대승경전

爾時行者는 復更懺悔하고 遍禮十方佛하리라 禮十方佛已하면
이시행자 　부갱참회 　　변례시방불 　　　예시방불이

普賢菩薩이 住其人前하여 敎說宿世 一切業緣하고 發露黑
보현보살 　주기인전 　　교설숙세 　일체업연 　　발로흑

惡 一切罪事라 向諸世尊하여 口自發露하라 旣發露已하면
악 일체죄사 　향제세존 　　구자발로 　　기발로이

尋時卽得 諸佛現前三昧리라 得是三昧已하면 見東方阿閦
심시즉득 제불현전삼매 　　득시삼매이 　　견동방아축

佛及妙喜國하되 了了分明하며 如是十方 各見諸佛上妙國
불급묘희국 　　요료분명 　　여시시방 각견제불상묘국

土하되 了了分明하리라
토 　　요료분명

旣見十方佛已하면 夢象頭上 有一金剛人 以金剛杵로 遍
기견시방불이 　　몽상두상 유일금강인 이금강저 　변

擬六根하고 擬六根已하면 普賢菩薩이 爲於行者하여 說六根
의육근 　　의육근이 　　보현보살 　위어행자 　　설육근

淸淨 懺悔之法하리라
청정 참회지법

그 사람이 깨닫고 법희의 즐거움을 얻으리라.

이와 같이 하여 주야 삼칠일이 지난 연후에 곧 선다라니를 얻으리라. 다라니를 얻은 까닭으로 모든 부처님과 보살이 설한 묘법을 기억하여 지니고 잃지 아니하며, 또한 항상 꿈에 과거의 일곱 부처님을 친견하되, 오직 석가모니 부처님만이 그를 위해서 법을 설하시고, 이 모든 세존께서는 각각 대승경전을 칭찬하시느니라.

그때 행자는 또다시 참회하고 두루 시방의 부처님께 예배하리라. 시방의 부처님께 예배를 마치면 보현보살이 그 사람의 앞에 머물러서 숙세의 일체 업연을 가르치고 어둡고 악한 일체 죄업의 일을 드러내게 하느니라. 모든 세존을 향하여 입으로 스스로 드러낼지니, 드러내기를 마치면 곧 제불현전삼매를 얻으리라. 이 삼매를 얻으면 동방의 아축불과 묘희국을 보되 뚜렷하고 분명하며, 이와 같이 시방의 각각 모든 부처님과 가장 묘한 국토를 보되 뚜렷하고 분명하리라.

이미 시방의 부처님을 친견하고 나면 꿈속에서 코끼리 머리 위에 한 사람의 금강인이 있어 금강저로써 널리 육근에 돌려 대어 인도하고, 육근을 인도하고 나면 보현보살이 행자를 위하여 육근청정 참회법을 설하리라.

如是懺悔하되 一日至三七日하며 以諸佛現前三昧力故로
여시참회   일일지삼칠일   이제불현전삼매력고

普賢菩薩 說法莊嚴故로 耳漸漸聞障外聲하며 眼漸漸見
보현보살 설법장엄고   이점점문장외성   안점점견

障外事하고 鼻漸漸聞障外香하며 廣說如妙法華經하리라
장외사   비점점문장외향   광설여묘법화경

得是六根淸淨已하고 身心歡喜하고 無諸惡相하리라 心純是
득시육근청정이   신심환희   무제악상   심순시

法하여 與法相應하며 復更得百千萬億 旋陀羅尼하고 復更
법   여법상응   부갱득백천만억 선다라니   부갱

廣見百千萬億 無量諸佛하리라 是諸世尊이 各伸右手하사
광견백천만억 무량제불   시제세존   각신우수

摩行者頭하시고 而作是言하시되 善哉善哉라 行大乘者이며
마행자두   이작시언   선재선재   행대승자

發大莊嚴心者이며 念大乘者라 我等昔日 發菩提心時에도
발대장엄심자   염대승자   아등석일 발보리심시

皆亦如是니라 汝慇懃不失하라
개역여시   여은근부실

我等先世 行大乘故로 今成淸淨 正遍知身이니라 汝今亦
아등선세 행대승고   금성청정 정변지신   여금역

當 勤修不懈하라
당 근수불해

此大乘經典은 諸佛寶藏이며 十方三世 諸佛眼目이며 出生
차대승경전   제불보장   시방삼세 제불안목   출생

三世 諸如來種이니 持此經者 卽持佛身하고 卽行佛事니라
삼세 제여래종   지차경자 즉지불신   즉행불사

當知하라 是人卽是諸佛所使라 諸佛世尊衣之所覆하며
당지   시인즉시제불소사   제불세존의지소부

이와 같이 참회하여 하루에서부터 삼칠일에 이르면, 제불현전삼매의 힘과 보현보살의 설법이 장엄한 까닭으로, 귀는 점차로 장애 밖의 소리를 들으며 눈은 점차로 장애 밖의 일을 보고 코는 점차로 장애 밖의 향기를 맡으며 널리 설하는 것이 묘법화경과 같으리라.

이 육근의 청정함을 얻고 나면 몸과 마음이 환희하고 모든 악한 생각이 없으리라. 마음이 이 법으로 맑아져서 법과 서로 응하며 또다시 백천만억의 선다라니를 얻고 또다시 널리 백천만억의 한량없는 모든 부처님을 친견하리라.

이 모든 세존께서 각각 오른손을 펴서 행자의 머리를 어루만지면서 말씀하시되, '착하고 착하도다. 대승을 행하는 자이며 대장엄의 마음을 일으키는 자이며 대승을 생각하는 자여, 우리들이 지난날에 보리심을 일으켰을 때도 다 또한 이와 같았느니라. 너는 부지런히 하여 잃지 말라.

우리들이 전생에서 대승을 행한 까닭에 지금의 청정한 정변지의 몸을 이루었느니라. 너도 지금 또한 마땅히 부지런히 닦아 게을리하지 말라.

이 대승경전은 모든 부처님의 보배장이며, 시방 삼세 모든 부처님의 안목이며, 삼세의 모든 여래가 출생하는 종자이니, 이 경을 지니는 자는 곧 부처님의 몸을 가지고 곧 부처님의 일을 행하는 것이니라.

마땅히 알라, 이 사람은 곧 모든 부처님의 사자로서, 모든 부처님 세존의 옷으로 덮였으며

諸佛如來 眞實法子라 汝行大乘하여 不斷法種하라 汝今諦
제불여래 진실법자 여행대승 부단법종 여금체

觀 東方諸佛하라
관 동방제불

說是語時에 行者卽見東方一切 無量世界하니 地平如掌하고
설시어시 행자즉견동방일체 무량세계 지평여장

無諸堆阜 丘陵荊棘하여 琉璃爲地하고 黃金間側이라
무제퇴부 구릉형극 유리위지 황금간측

十方世界도 亦復如是니 見是地已하고 卽見寶樹하니 寶樹
시방세계 역부여시 견시지이 즉견보수 보수

高妙 五千由旬이라 其樹常出 黃金白銀하며 七寶莊嚴이라
고묘 오천유순 기수상출 황금백은 칠보장엄

樹下自然 有寶師子座하되 其師子座는 高二十由旬이며
수하자연 유보사자좌 기사자좌 고이십유순

座上亦出 百寶光明이라 如是諸樹 及餘寶座一一寶座에는
좌상역출 백보광명 여시제수 급여보좌일일보좌

皆有百寶先明하고 如是諸樹 及餘寶座 一一寶座에는
개유백보선명 여시제수 급여보좌 일일보좌

皆有自然五白白象하고 象上皆有普賢菩薩이라
개유자연오백백상 상상개유보현보살

爾時行者는 禮諸普賢하고 而作是言하사되 我有何罪하여
이시행자 예제보현 이작시언 아유하죄

但見寶地 寶座及與寶樹하고 不見諸佛하나이까
단견보지 보좌급여보수 불견제불

作是語已하면 一一座上에 有一世尊하시되 端嚴微妙하며
작시어이 일일좌상 유일세존 단엄미묘

而坐寶座리니 見諸佛已하고 心大歡喜하며 復更誦習
이좌보좌 견제불이 심대환희 부갱송습

모든 부처님 여래의 진실한 법의 아들이니라. 네가 대승을 행하여 법의 종자가 끊어지지 않게 하라. 너는 지금 동방의 모든 부처님을 제대로 꿰뚫어 관하라.'

이 말씀을 설하실 때 행자가 곧 동방 일체의 한량없는 세계를 보니, 땅은 평평하여 손바닥 같고 모든 산과 언덕과 가시덤불이 없으며 유리로 땅이 되고 황금으로 경계를 삼았느니라.
시방 세계도 또한 이와 같았으니, 이 땅을 보고 곧 보배나무를 보니, 보배나무는 아름답고도 높이가 오천 유순이요, 그 나무에서는 항상 황금과 백은이 나오며 칠보로 장엄되었느니라.
나무 아래에는 자연히 보배의 사자좌가 있되, 그 사자좌는 높이가 이십 유순이며, 그 자리 위에서 또한 백 가지 보배광명을 내었느니라. 이와 같이 모든 나무와 다른 보배 자리, 하나하나의 보배 자리에는 모두 백 가지 보배광명이 있고, 이와 같이 모든 나무와 다른 보배 자리, 하나하나의 보배 자리에는 모두 자연히 오백의 흰 코끼리가 있고, 코끼리 위에는 모두 보현보살이 계셨느니라.
그때 행자는 모든 보현에게 예배하고 말씀드리되, '저는 무슨 죄가 있어 다만 보배로 된 땅과 보배자리와 보배나무만 보이고, 모든 부처님을 뵙지 못하나이까.'
이 말을 하고 나면 하나하나의 자리 위에 한 분의 세존이 계시되 단엄하시고 미묘하시며 보배자리에 앉아 계시리니, 모든 부처님을 친견하고 마음이 크게 환희하여 또다시 대승경전을 외우고 익히니,

大乘經典하니 大乘力故로 空中有聲하여 而讚歎言하되
대승경전　　대승력고　　공중유성　　　이찬탄언

善哉善哉라 善男子야 汝行大乘 功德因緣으로 能見諸佛이라
선재선재　　선남자　여행대승 공덕인연　　　능견제불

今雖得見 諸佛世尊이나 而不能見 釋迦牟尼佛分身諸佛
금수득견　제불세존　　　이불능견　석가모니불분신제불

及多寶佛塔이라
급다보불탑

聞空中聲已하고 復勤誦習 大乘經典하니 以誦習大乘方等
문공중성이　　　부근송습 대승경전　　　이송습대승방등

經故로 卽於夢中에서 見釋迦牟尼佛이 與諸大衆으로 在耆
경고　 즉어몽중　　　견석가모니불　　여제대중　　　재기

闍崛山 說法華經하사 演一實義라
사굴산 설법화경　　　연일실의

敎已懺悔하고 渴仰欲見하여 合掌胡跪 向耆闍崛山하고
교이참회　　　갈앙욕견　　　합장호궤 향기사굴산

而作是言하니라
이작시언

如來世雄은 常在世間하시니 愍念我故로 爲我現身하소서
여래세웅　　상재세간　　　　민념아고　　위아현신

作是語已하고 見耆闍崛山하니 七寶莊嚴하고 無數比丘
작시어이　　　견기사굴산　　　칠보장엄　　　무수비구

聲聞大衆하고 寶樹行列하며 寶地平正이라
성문대중　　　보수행렬　　　보지평정

復敷妙寶 師子之座하고 釋迦牟尼佛이 放眉間光하시고
부부묘보 사자지좌　　　석가모니불　　방미간광

其光遍照十方世界하고 復過十方 無量世界라 此光至處에
기광변조시방세계　　　부과시방 무량세계　　차광지처

대승의 힘인 까닭에 허공에서 찬탄하는 소리가 들리되, '착하고 착하도다. 선남자야, 네가 대승을 행하는 공덕과 인연으로 능히 모든 부처님을 친견하느니라. 이제 비록 모든 부처님 세존을 친견하였으나 석가모니 부처님과 분신의 모든 부처님과 다보불탑은 친견하지 못하느니라.'

허공의 소리를 듣고 나서 다시 부지런히 대승경전을 외우고 익히니, 대승방등경을 외우고 익히는 까닭으로 곧 꿈속에서 석가모니 부처님께서 모든 대중과 함께 기사굴산에 계시면서 법화경을 설하시어 일실의 뜻을 펴시는 것을 보게 되느니라. 가르침이 끝나면 참회하고 갈앙하는 마음으로 친견하고자 하여 무릎을 꿇어 합장하고 기사굴산을 향하여 이와 같이 말하되, '여래 세웅께서는 항상 세간에 계시오니 저를 불쌍히 여기시어 저를 위하여 몸을 나타내시옵소서.'
이 말을 마치고 기사굴산을 보니 칠보로 장엄되고 헤아릴 수 없는 비구와 성문 대중이 있고, 보배나무가 줄지어 있고 보배로 된 땅이 평정하였느니라.
또 묘한 보배의 사자좌가 펴지고 석가모니 부처님께서 눈썹 사이로 광명을 놓으시니, 그 광명이 두루 시방 세계를 비추고 다시 시방의 한량없는 세계를 지나느니라. 이 광명이 이르는

十方分身 釋迦牟尼佛이 一時雲集하사 廣說如妙法華經이라
시방분신석가모니불 일시운집 광설여묘법화경

一一分身佛은 身紫金色이요 身量無邊하며 坐師子座하시니
일일분신불 신자금색 신량무변 좌사자좌

百億無量 諸大菩薩 以爲眷屬이라 一一菩薩 行同普賢이라
백억무량 제대보살 이위권속 일일보살 행동보현

如此十方 無量諸佛도 菩薩眷屬도 亦復如是니라
여차시방 무량제불 보살권속 역부여시

大衆雲集已하여 見釋迦牟尼佛하면 擧身毛孔放金色光하시니
대중운집이 견석가모니불 거신모공방금색광

一一光中에 有百億化佛이시라
일일광중 유백억화불

諸分身佛이 放眉間白毫 大人相光하시니 其光流入釋迦牟
제분신불 방미간백호 대인상광 기광유입석가모

尼佛頂이라 見此相時에 分身諸佛이 一切毛孔出金色光하시니
니불정 견차상시 분신제불 일체모공출금색광

一一光中에 復有恒河沙 微塵數化佛이시라
일일광중 부유항하사 미진수화불

爾時普賢菩薩이 復放眉間大人相光하사 入行者心이라 旣
이시보현보살 부방미간대인상광 입행자심 기

入心已하면 行者自憶 過去無數 百千佛所에서 受持讀誦
입심이 행자자억 과거무수 백천불소 수지독송

大乘經典하고 自見故身하되 了了分明하리라 如宿命通等無
대승경전 자견고신 요료분명 여숙명통등무

有異하고 豁然大悟하여 得旋陀羅尼와 百千萬億의 諸陀羅
유이 활연대오 득선다라니 백천만억 제다라

尼門하니라
니문

곳에 시방 분신의 석가모니 부처님이 일시에 구름같이 모여서 널리 묘법화경과 같이 설하셨느니라.

하나하나의 분신 부처님의 몸은 자금색이요, 몸의 크기는 가없으며 사자자리에 앉으시니 백억의 한량없는 모든 큰 보살로써 권속을 삼았느니라. 하나하나의 보살의 행함은 보현과 같았느니라.

이와 같이 시방의 한량없는 모든 부처님도 보살권속도 또한 이와 같았느니라.

대중이 구름같이 모여서 석가모니 부처님을 뵈오면 온 몸의 털구멍으로부터 금빛 광명을 놓으시니, 하나하나의 광명 가운데에 백억의 화불이 계셨느니라.

모든 분신부처님께서 미간 백호에서 대인상의 광명을 놓으시니, 그 광명이 석가모니 부처님의 정수리로 흘러 들어갔느니라. 이 모습을 볼 때에 분신의 모든 부처님께서 일체의 털구멍으로부터 금빛 광명을 내시니 하나하나의 광명 가운데 또 항하사 미진수의 화불이 계셨느니라.

그때 보현보살이 또 미간 대인상의 광명을 놓아 행자의 마음에 넣으시느니라. 마음에 넣어주면 행자는 스스로 과거 무수한 백천의 부처님 처소에서 대승경전을 받아 지니고 읽고 외우던 것을 기억하고, 스스로 옛 몸을 보되 뚜렷하고 분명하리라. 숙명통과 같아서 다름이 없고 활연히 크게 깨달아 선다라니와 백천만억의 모든 다라니문을 얻으리라.

從三昧起하여 面見一切의 分身諸佛하사되 重寶樹下 坐師
종 삼 매 기   면 견 일 체   분 신 제 불   중 보 수 하 좌 사
子座하며 復見琉璃地 如蓮華聚 從下方空中踊出하리니
자 좌   부 견 유 리 지 여 연 화 취 종 하 방 공 중 용 출
一一華間에 有微塵數菩薩이 結加趺坐하되 亦見普賢의
일 일 화 간 유 미 진 수 보 살 결 가 부 좌   역 견 보 현
分身菩薩이 在彼衆中하여 讚歎大乘하리라
분 신 보 살 재 피 중 중   찬 탄 대 승

　　時諸菩薩이　異口同音으로
　　시 제 보 살　이 구 동 음
　　教於行者하여　清淨六根하리니
　　교 어 행 자　　청 정 육 근
　　或有說言하되　汝當念佛하라.
　　혹 유 설 언　　여 당 염 불
　　或有說言하되　汝當念法하라.
　　혹 유 설 언　　여 당 염 법
　　或有說言하되　汝當念僧하라.
　　혹 유 설 언　　여 당 염 승
　　或有說言하되　汝當念戒하라.
　　혹 유 설 언　　여 당 염 계
　　或有說言하되　汝當念施하라.
　　혹 유 설 언　　여 당 염 시
　　或有說言하되　汝當念天하라.
　　혹 유 설 언　　여 당 염 천
如此六法은 是菩提心이며 生菩薩法이니라
여 차 육 법   시 보 리 심   생 보 살 법
汝今應當 於諸佛前에서 發露先罪하고 至誠懺悔니라
여 금 응 당 어 제 불 전   발 로 선 죄   지 성 참 회

삼매에서 일어나서 눈앞에서 일체 분신의 모든 부처님께서 모든 보배나무 아래 사자자리에 앉아 계신 것을 뵙게 되며, 또 유리로 된 땅에 연꽃 무더기와 같은 하방의 공중에서 솟아 나는 것을 보리니, 하나하나의 꽃 사이에 미진수의 보살이 가부좌를 맺고 앉아 있되, 또한 보현의 분신의 보살이 그 대중 가운데서 대승을 찬탄하여 설하는 것도 보게 되리라.

이때 모든 보살이 입을 모아 같은 음성으로 행자를 가르쳐서 육근을 청정하게 하리니,
혹은 설하여 말씀하되 '너는 마땅히 부처님을 생각하라.' 하고,
혹은 설하여 말씀하되 '너는 마땅히 법을 생각하라.' 하고,
혹은 설하여 말씀하되 '너는 마땅히 승을 생각하라.' 하고,
혹은 설하여 말씀하되 '너는 마땅히 계를 생각하라.' 하고,
혹은 설하여 말씀하되 '너는 마땅히 보시를 생각하라.' 하고,
혹은 설하여 말씀하되 '너는 마땅히 하늘을 생각하라.'
하느니라.
이와 같은 육법은 보리심이며 보살을 낳는 법이니라.
너는 지금 응당 모든 부처님 앞에서 이전의 죄를 나타내어 말하고 지성으로 참회할지니라.

於無量世에서 眼根因緣으로 貪著諸色하고 以著色故로 貪愛
어무량세   안근인연   탐착제색   이착색고   탐애
諸塵이라 以愛塵故로 受女人身하여 世世生處에서 惑著諸色
제진   이애진고   수녀인신   세세생처   혹착제색
이라 色壞汝眼하여 爲恩愛奴라 故色使汝 經歷三界라 爲此
     색괴여안   위은애노   고색사여 경력삼계   위차
弊使하니 盲無所見이라
폐사   맹무소견
今誦大乘의 方等經典하니 此經中에서 說十方諸佛色身不
금송대승   방등경전   차경중   설시방제불색신불
滅이라 汝今得見 審實爾不아 眼根不善하여 傷害汝多니라
멸   여금득견 심실이부   안근불선   상해여다
隨順我語하여 歸向諸佛釋迦牟尼佛하여 說汝眼根所有罪
수순아어   귀향제불석가모니불   설여안근소유죄
咎하라 諸佛菩薩의 慧明法水로 願以洗除하사 令我淸淨하소서
구   제불보살   혜명법수   원이세제   영아청정
作是語已하고 遍禮十方佛하고 向釋迦牟尼佛 大乘經典하여
작시어이   변례시방불   향석가모니불 대승경전
復說是言하라
부설시언
我今所懺 眼根重罪는 障蔽穢濁으로 盲無所見이오니 願佛
아금소참 안근중죄   장폐예탁   맹무소견   원불
大慈로 哀愍覆護하소서
대자   애민부호
普賢菩薩이 乘大法船하사 普度一切十方無量 諸菩薩伴하시니
보현보살   승대법선   보도일체시방무량   제보살반
唯願慈哀하사 聽我悔過 眼根不善惡業障法하소서
유원자애   청아회과 안근불선악업장법

한량없는 세상에서 안근의 인연으로 모든 색을 탐착하였고, 색에 집착한 까닭에 모든 티끌을 탐내고 사랑하였느니라. 티끌을 사랑한 까닭에 여인의 몸을 받아 세세에 태어나는 곳에서 모든 색에 현혹되고 집착하느니라. 색이 너의 눈을 깨뜨려서 은혜와 사랑의 노예가 되게 하느니라. 색이 너를 부려서 삼계를 돌아다니게 하느니라. 이 번뇌에 부려져서 눈이 어두워져 보는 바가 없느니라.
지금 대승의 방등경전을 외우니, 이 경 가운데서 시방의 모든 부처님의 색신은 멸하지 아니한다고 설하느니라. 너는 이제 얻어 보았으니 진실을 잘 살펴보았는가. 안근이 착하지 못하여 너를 많이 해쳤느니라.
나의 말을 수순하여 모든 부처님과 석가모니 부처님께 귀의하고, 나아가 너의 안근이 지은 죄를 말하라.
'모든 부처님과 보살의 혜명의 법수로써 씻어 없애주시어 저로 하여금 청정케 하옵소서.'
이 말을 하고 시방의 부처님께 두루 예배하고 석가모니 부처님과 대승경전을 향해서 또 이렇게 말하라.
'제가 지금 참회하는 안근의 무거운 죄는 장애와 폐단과 더러움과 흐림으로 눈이 멀어 보는 바가 없나이다. 원컨대 부처님께서는 대자비로 불쌍히 여기시어 두루 보호하시옵소서. 보현보살은 큰 법의 배에 태워서 널리 일체 시방의 한량없는 모든 보살을 함께 건너도록 해주시니, 오직 원컨대 불쌍히 여기시어 제가 안근이 착하지 못함과 악한 업장을 회개하는 법을 들어 주시옵소서.'

如是三說하고 **五體投地**하고 **正念大乘**하여 **心不忘捨**하면 **是**
여시삼설　　오체투지　　정념대승　　　심불망사　　시

名懺悔眼根罪法이니라
명참회안근죄법

稱諸佛名하고 **燒香散華**하고 **發大乘意**하고 **懸繒幡蓋**하고
칭제불명　　소향산화　　발대승의　　　현증번개

說眼過患하여 **懺悔罪者**면 **此人現世 見釋迦牟尼佛**하며
설안과환　　참회죄자　　차인현세　견석가모니불

及見分身 無量諸佛하고 **阿僧祇劫**을 **不墮惡道**는 **大乘力故**니
급견분신 무량제불　　아승기겁　　　불타악도　　대승력고

大乘願故로 **恒與一切陀羅尼菩薩**로 **共爲眷屬**하니라
대승원고　　항여일체다라니보살　　　공위권속

作是念者를 **是爲正念**하며 **若他念者**를 **名爲邪念**이니라
작시념자　　시위정념　　　약타념자　　명위사념

是名眼根初境界相이니라
시명안근초경계상

淨眼根已하고 **復更讀誦 大乘經典**하고 **晝夜六時**에
정안근이　　부갱독송 대승경전　　　주야육시

胡跪懺悔하고 **而作是言**하라
호궤참회　　　이작시언

我今云何 但見釋迦牟尼佛 分身諸佛하고 **不見多寶佛塔**
아금운하 단견석가모니불 분신제불　　　불견다보불탑

全身舍利나이까 **多寶佛塔**은 **恒在不滅**이어늘 **我濁惡眼**하여
전신사리　　　　다보불탑　　　항재불멸　　　　아탁악안

是故不見이라
시고불견

作是語已하고 **復更懺悔**하라 **過七日已**하면 **多寶佛塔**이 **從地**
작시어이　　　부갱참회　　　과칠일이　　　다보불탑　　종지

이와 같이 세 번 말하고 오체를 땅에 던지고 대승을 바르게 생각하여 마음에서 잊어버리지 않으면, 이것을 '안근의 죄를 참회하는 법'이라 이름하느니라.

모든 부처님의 명호를 부르고 향을 사르고 꽃을 뿌리며 대승의 뜻을 일으키고 비단 번기와 일산을 달고 눈의 허물과 환난을 말하며 죄를 참회하면, 이 사람은 현세에서 석가모니 부처님을 친견하고 아울러 한량없는 모든 분신부처님을 친견하며 아승기겁을 악도에 떨어지지 아니함은 대승의 힘 때문이니, 대승을 원하는 까닭으로 항상 일체의 다라니 보살과 함께 권속이 되리라.

이와 같이 생각하는 자를 바르게 생각한다고 하며, 만일 다르게 생각하는 자를 삿되게 생각한다고 하느니라. 이것을 이름하여 '안근의 초경계의 모습'이라 하느니라.

안근을 맑게 하고는 또다시 대승경전을 독송하며 밤낮으로 육시에 무릎을 꿇고 참회하며 이와 같이 말하라.

'나는 지금 어찌하여 석가모니 부처님과 분신의 모든 부처님만을 친견하고, 다보불탑과 전신의 사리는 친견하지 못하나이까. 다보불탑은 항상 계시며 멸하시지 않거늘 나의 눈이 흐리고 악한 까닭으로 친견하지 못하나이다.'

이와 같이 말하고 나서 또다시 참회하라.

칠일이 지나면 다보불탑이 땅에서 솟아 나오리니,

涌出하리니 釋迦牟尼佛이 卽以右手로 開其塔戶하시면 見多
용 출   석가모니불   즉이우수   개기탑호   견 다

寶佛入普現色身三昧하리라 一一毛孔으로 流出恒河沙微塵
보불입보현색신삼매   일일모공   유출항하사미진

數光明하고 一一光明에 有百千萬億化佛이라
수 광 명   일일광명   유백천만억화불

此相現時에 行者歡喜하여 讚偈遶塔滿七匝已하면 多寶如
차 상 현 시 행 자 환 희   찬 게 요 탑 만 칠 잡 이   다 보 여

來는 出大音聲讚歎言하시되
래   출대음성찬탄언

法子여 汝今眞實 能行大乘하고 隨順普賢하여 眼根懺悔라
법자   여금진실 능행대승   수순보현   안근참회

以是因緣으로 我至汝所하여 爲汝證明하리라 說是語已하시고
이시인연   아 지 여 소   위여증명   설 시 어 이

讚言하시되
찬 언

善哉善哉라 釋迦牟尼佛이 能說大法하고 雨大法雨하여
선재선재   석가모니불   능설대법   우대법우

成就濁惡諸衆生等이라
성취탁악제중생등

是時行者는 見多寶佛塔已하고 復至普賢菩薩所하여
시 시 행 자 견 다 보 불 탑 이   부 지 보 현 보 살 소

合掌敬禮하고 白言하되 大師敎我悔過하소서
합 장 경 례   백 언   대 사 교 아 회 과

普賢復言하되 汝於多劫中에 耳根因緣으로 隨逐外聲하여 聞
보 현 부 언   여 어 다 겁 중   이 근 인 연   수 축 외 성   문

妙音時에는 心生惑著하고 聞惡聲時에는 起百八種煩惱賊害라
묘 음 시   심 생 혹 착   문 악 성 시   기 백 팔 종 번 뇌 적 해

석가모니 부처님이 곧 오른손으로 그 탑의 문을 여시면 다보부처님께서 보현색신삼매에 들어 계심을 친견하리라. 하나하나의 털구멍에서 항하사 미진수의 광명이 흘러나오고, 하나하나의 광명에 백천만억의 화불이 계시니라.

이 상이 나타났을 때 행자가 환희하여 게송으로 찬탄하고 탑을 일곱 번 돌고나면 다보여래께서 큰 음성으로 찬탄하여 말씀하시되,

'법의 아들이여, 너는 지금 진실로 대승을 행하고 보현을 순수히 좇아 안근을 참회하는구나. 이 인연으로 내가 네게 이르러 너를 위하여 증명하리라.'

이 말씀을 설하시고 찬탄하여 말씀하시되, '착하고 착하도다. 석가모니 부처님이 능히 큰 법을 설하고, 큰 법의 비를 내려서 흐리고 악한 모든 중생을 성취시켜 주시도다.'

이때 행자는 다보불탑을 친견하고 다시 보현보살 처소에 이르러 합장하여 예배하고 말하되,

'큰 스승이시여, 제게 허물의 뉘우침을 가르쳐 주옵소서.'

보현보살이 또 말씀하되,

'너는 여러 겁을 두고 이근의 인연으로 바깥소리에 이끌려 묘음을 들을 때는 마음이 미혹에 집착하고 악한 소리를 들을 때는 백팔 가지 번뇌의 해독을 일으켰느니라.

如此惡耳 報得惡事하고 恒聞惡聲하고 生諸攀緣하여 顚倒
여차악이 보득악사　　항문악성　　생제반연　　전도
聽故로 當墮惡道 邊地邪見 不聞法處하리라
청고　당타악도 변지사견 불문법처
汝於今日에 誦持大乘 功德海藏하니 以是因緣故로 見十
여어금일　송지대승　공덕해장　　이시인연고　견시
方佛하고 多寶佛塔이 現爲汝證이라 汝應自當 說己過惡하여
방불　　다보불탑　현위여증　　여응자당　설기과악
懺悔諸罪니라
참회제죄
是時行者는 聞是語已하고 復更合掌하여 五體投地하고
시시행자　문시어이　　부갱합장　　오체투지
而作是言하되 正遍知世尊이시여 現爲我證하소서 方等經典은
이작시언　　정변지세존　　　현위아증　　　방등경전
爲慈悲主시라 唯願觀我 聽我所說하소서 我從多劫으로 乃至
위자비주　　유원관아 청아소설　　　아종다겁　　내지
今身의 耳根因緣으로 聞聲惑著이 如膠著草하여 聞諸惡聲
금신　이근인연　　문성혹착　　여교착초　　문제악성
時에 起煩惱毒하고 處處惑著하여 無暫停時로다 出此激聲하여
시　기번뇌독　　처처혹착　　무잠정시　　　출차격성
勞我識神하고 墜墮三塗하니 今始覺知하고 向諸世尊 發露
노아식신　　추타삼도　　금시각지　　향제세존　발로
懺悔하나이다 旣懺悔已하고 見多寶佛 放大光明하리라 其光
참회　　　기참회이　　견다보불 방대광명　　　기광
金色으로 遍照東方及十方界無量諸佛하시니 身眞金色이라
금색　　변조동방급시방계무량제불　　　신진금색
東方空中에 作是唱言하되
동방공중　작시창언

이와 같이 악한 귀의 과보로 악한 일을 얻고 항상 악한 소리를 듣고 모든 인연을 만들어서 뒤바뀌게 들은 까닭으로, 마땅히 악도와 사견이 가득 차고 법을 들을 수 없는 변두리 땅에 떨어지느니라.
너는 오늘 대승의 바다와 같은 공덕의 장을 외워서 가졌으니, 이 인연으로 시방의 부처님을 친견하고 다보불탑이 나타나서 너를 증명하리라.
너는 마땅히 스스로 자기의 허물을 말하여 모든 죄를 참회하라.'

이때 행자는 이 말씀을 듣고 또다시 합장하여 오체를 땅에 던지고 말하되, '정변지 세존이시여, 나타나시어 저를 위해 증명하시옵소서. 방등경전은 자비의 주인이시라, 오직 원컨대 저를 굽어보시고 제가 설하는 것을 들어주시옵소서. 저는 여러 겁으로부터 이 몸에 이르기까지 이근의 인연으로 음성을 듣고 미혹에 집착함이 풀잎이 아교에 붙는 것과 같아 모든 악한 소리를 들을 때 번뇌의 독을 일으키고 곳곳마다 미혹에 집착하여 잠시도 쉬지 않았나이다. 이 격한 번거로운 소리가 저의 식신을 헛되이 괴롭히고 마침내 삼악도에 떨어지게 하였나니, 지금 비로소 깨닫고 알아 세존을 향해서 드러내어 참회하나이다.'
참회를 마치고 나면 다보부처님께서 큰 광명을 놓으시는 것을 볼 수 있으리라. 그 광명은 금빛으로서 동방과 시방 세계의 한량없는 모든 부처님을 두루 비추니 몸이 진금빛이니라.

동방의 허공에서 이와 같이 크게 불러 말씀하시되,

此佛世尊은 號曰善德이시라 亦有無數分身諸佛하시되 坐寶
차불세존　호왈선덕　　역유무수분신제불　　　좌보
樹下 師子座上 結加趺坐시라 是諸世尊은 一切皆入普現
수하 사자좌상　결가부좌　　시제세존　일체개입보현
色身三昧하시고 皆作是讚言하시되 善哉善哉라 善男子야
색신삼매　　개작시찬언　　　선재선재　　선남자
汝今讀誦 大乘經典하느뇨 汝所誦者는 是佛境界니라
여금독송 대승경전　　여소송자　시불경계
說是語已하면 普賢菩薩이 復更爲說懺悔之法하리라
설시어이　　보현보살　부갱위설참회지법
汝於前世無量劫中에 以貪香故로 分別諸識하고 處處貪著
여어전세무량겁중　　이탐향고　분별제식　　처처탐착
하여 墮落生死라 汝今應當觀大乘因하리니 大乘因者는 諸法
　　타락생사　여금응당관대승인　　　대승인자　제법
實相이니라
실상
聞是語已하고 五體投地하여 復更懺悔하라 旣懺悔已어든
문시어이　　오체투지　　부갱참회　　기참회이
當作是語하라
당작시어
南無釋迦牟尼佛 南無多寶佛塔 南無十方釋迦牟尼佛
나무석가모니불 나무다보불탑 나무시방석가모니불
分身諸佛하나라 作是語已하고 遍禮十方佛하고 南無東方
분신제불　　　작시어이　　변례시방불　　　나무동방
善德佛 及分身諸佛하나라
선덕불 급분신제불
如眼所見으로 一一心禮하고 香華供養하라 供養畢已하면
여안소견　　일일심례　　향화공양　　공양필이

'이 곳의 부처님 세존의 명호는 선덕이시라, 또한 수없는 분신의 모든 부처님이 계시되 보배나무 아래 사자좌 위에서 가부좌를 맺고 앉아 계시니라.' 이 모든 세존께서는 모두 보현색신삼매에 드시고 모두 이와 같이 찬탄의 말씀을 하시되, '착하고 착하도다. 선남자야, 너는 지금 대승경전을 읽고 외우는가. 네가 외우는 것은 부처님의 경계이니라.'

이 말씀이 끝나면 보현보살이 또다시 참회의 법을 설하리라. '너는 전생 한량없는 겁 가운데 향기를 탐낸 까닭으로 모든 식을 분별해서 곳곳마다 탐착하여 생사에 떨어졌느니라. 너는 지금 응당 대승의 인을 관할지니, 대승의 인이라 함은 모든 법의 실상이니라.'
이 말씀을 다 듣고 나면 오체를 땅에 던져 또다시 참회하라. 참회가 끝나면 이와 같이 말하라.
'나무 석가모니불 · 나무 다보불탑 · 나무 시방석가모니불 분신제불.'
이 말을 하고 나면 두루 시방의 부처님께 예배하고 '나무 동방선덕불 및 분신제불'이라 할지니라.
눈으로 친견하는 바와 같이 하나하나 마음으로 예배하고 향과 꽃으로 공양하라. 공양을 마치면

胡跪合掌하고 以種種偈로 讚歎諸佛하고 旣讚歎已어든 說十
호궤합장   이종종게   찬탄제불   기찬탄이   설십
惡業하여 懺悔諸罪하라 旣懺悔已어든 而作是言하라 我於先世
악업   참회제죄   기참회이   이작시언   아어선세
의 無量劫時에 貪香味觸하여 造作衆惡이니 以是因緣으로 無
   무량겁시   탐향미촉   조작중악   이시인연   무
量世來에 恒受地獄과 餓鬼와 畜生邊地邪見諸不善身이니라
량세래   항수지옥   아귀   축생변지사견제불선신
如此惡業을 今日發露하고 歸向諸佛 正法之王하여 說罪
여차악업   금일발로   귀향제불 정법지왕   설죄
懺悔니이다
참회
旣懺悔已하고 身心不懈하며 復更讀誦大乘經典하라
기참회이   신심불해   부갱독송대승경전
大乘力故로 空中有聲하여 告言하되
대승력고   공중유성   고언
法子여 汝今應當向十方佛하여 讚說大乘法하고 於諸佛前에서
법자   여금응당향시방불   찬설대승법   어제불전
自說己過하라 諸佛如來는 是汝慈父니라 汝當自說 舌根所
자설기과   제불여래   시여자부   여당자설 설근소
作 不善惡業이니라 此舌根者는 動惡業相하여 妄言綺語 惡
작 불선악업   차설근자   동악업상   망언기어   악
口兩舌 誹謗妄語하고 讚歎邪見語하며 說無益語이니라
구양설 비방망어   찬탄사견어   설무익어
如是衆多諸雜惡業으로 鬪遘壞亂하며 法說非法이라
여시중다제잡악업   투구괴란   법설비법
如是衆罪를 今悉懺悔하나이다
여시중죄   금실참회

무릎을 꿇고 합장하며 갖가지 게송으로써 모든 부처님을 찬탄하라. 찬탄이 끝나면 열 가지 악업을 말하여 모든 죄를 참회하라. 참회를 마치고는 이와 같이 말하라. '제가 전생의 한량없는 겁을 두고 향기와 맛과 촉을 탐내어 여러 가지 악을 지었고, 이러한 인연으로 한량없는 내세에 항상 지옥·아귀·축생·변두리 땅·사견의 모든 좋지 못한 몸을 받았나이다. 이와 같은 악업을 오늘 드러내어 모든 부처님 정법의 왕께 귀의하옵고 향하여 죄를 말하고 참회하옵나이다.'

참회를 마치고 나면 몸과 마음을 게을리하지 말고 또다시 대승경전을 읽고 외우라.
대승의 힘이 있는 까닭에 공중에서 소리가 나며 말씀하시되, '법의 아들이여, 너는 지금 마땅히 시방의 부처님을 향해서 대승의 법을 찬탄하여 설하고 모든 부처님 앞에서 스스로 자기의 허물을 말하라. 모든 부처님 여래는 너의 자비하신 아버지시니라. 너는 마땅히 스스로 설근이 지은 착하지 못한 악업을 말하라. 이 설근은 악업의 생각에 움직이게 되어 거짓말·꾸미는 말·욕설·이간질·비방하고 망령된 말을 하고 삿된 견해의 말을 찬탄하며 이익이 없는 말을 하느니라.
이와 같은 여러 가지의 모든 악업으로 싸우고 배척하고 문란케 하며 바른 법을 법이 아니라고 말하느니라.
이와 같은 많은 죄를 지금 다 참회하나이다.'

諸世雄前에서 作是語已하고 五體投地하여 遍禮十方佛하고
제세웅전　　작시어이　　오체투지　　변례시방불
合掌長跪하고 當作是語하라
합장장궤　　당작시어
此舌過患은 無量無邊이나이다 諸惡業刺는 從舌根出하나이다
차설과환　　무량무변　　　제악업자　　종설근출
斷正法輪도 從此舌起니 如此惡舌은 斷功德種하며 於非義
단정법륜　　종차설기　　여차악설　　단공덕종　　어비의
中에도 多端强說하며 讚歎邪見이 如火益薪하여 猶如猛火하며
중　　다단강설　　찬탄사견　　여화익신　　유여맹화
傷害衆生이 如飮毒者無瘡疣死라 如此罪報는 惡邪不善하여
상해중생　　여음독자무창우사　　여차죄보　　악사불선
當墮惡道百劫千劫하오리다 以妄語故로 墮大地獄하리니
당타악도백겁천겁　　　　　이망어고　　타대지옥
我今歸向南方諸佛하여 發露黑惡하나이다
아금귀향남방제불　　　발로흑악
作是念時에 空中有聲하되 南方有佛하시니 名旃檀德이시라
작시념시　　공중유성　　　남방유불　　　명전단덕
彼佛亦有無量分身이라 一切諸佛이 皆說大乘하사 除滅罪
피불역유무량분신　　　일체제불　　개설대승　　　제멸죄
惡이시니라 如此衆罪를 今向十方 無量諸佛 大悲世尊하여
악　　　　여차중죄　　금향시방　무량제불　대비세존
發露黑惡하고 誠心懺悔하라
발로흑악　　　성심참회
說是語已하고 五體投地하여 復禮諸佛이니라
설시어이　　오체투지　　　부례제불
是時諸佛이 復放光明하사 照行者身하여 令其身心으로 自然
시시제불　　부방광명　　　조행자신　　　영기신심　　자연

모든 세웅 앞에서 이와 같이 말하고 오체를 땅에 던져 두루 시방의 부처님께 예배하고 무릎을 꿇어 합장하고 마땅히 이와 같이 말하라.
'이 혀의 허물과 환난은 한량없고 가없나이다. 모든 악업의 가시는 설근에서 나왔나이다.
바른 법륜을 끊는 것도 이 혀로부터 일어나니, 이와 같이 악한 혀는 공덕의 종자를 끊으며 진리에 맞지 않는 데에도 억지로 갖다 대어 말하고, 사견을 찬탄하기를 불에 땔감을 넣어서 더욱 타게 하는 것과 같으며, 중생을 해치는 것이 독약을 마신 자가 살갖에 종기는 나지 않았으나 죽는 것과 같나이다. 이와 같은 죄보는 악하고 삿되며 착하지 못하므로 마땅히 백 겁 천겁 동안 악도에 떨어지오리다. 거짓말을 한 까닭에 큰 지옥에 떨어지리니, 저는 지금 남방의 모든 부처님께 귀의하옵고 향하여 어두운 죄악을 드러내어 말씀드리나이다.'

이러한 생각을 할 때 공중에서 소리가 나되, '남방에 부처님이 계시니 이름이 전단덕이시라.
저 부처님에게도 또한 한량없는 분신이 계시니라. 일체의 모든 부처님께서 모두 대승을 설하시어 죄악을 없애고 멸하게 하시느니라. 이와 같은 많은 죄를 지금 시방의 한량없는 모든 부처님 대비의 세존을 향하여 어두운 죄악을 드러내고 성심으로 참회하라.'
이 말을 마치고 오체를 땅에 던져 다시 모든 부처님께 예배할지니라.
이때 모든 부처님께서 또 광명을 놓으시어 행자의 몸을 비추

歡喜하고 發大慈悲하여 普念一切시라
환희   발대자비   보념일체

爾時諸佛이 廣爲行者하여 說大慈悲 及喜捨法하시며 亦敎
이시제불 광위행자   설대자비 급희사법   역교

愛語하시고 修六和敬케하시니라
애어   수육화경

爾時行者는 聞此敎勅已하고 心大歡喜하여 復更誦習하되 終
이시행자 문차교칙이   심대환희   부갱송습   종

不懈息이라 空中復有微妙音聲으로 出如是言하되 汝今應當
불해식   공중부유미묘음성   출여시언   여금응당

身心懺悔하라 身者殺盜婬하며 心者念諸不善하여 造十惡業
신심참회   신자살도음   심자념제불선   조십악업

及五無間 猶如猿猴하며
급오무간 유여원후

亦如黐膠處處貪著하여 遍至一切 六情根中이라 此六根業이
역여이교처처탐착   변지일체 육정근중   차육근업

枝條華葉하며 悉滿三界 二十五有一切生處라
지조화엽   실만삼계 이십오유일체생처

亦能增長 無明老死 十二苦事하여 八邪八難을 無不經中이라
역능증장 무명노사 십이고사   팔사팔난   무불경중

汝今應當 懺悔如是 惡不善業이니라 爾時行者는 聞此語
여금응당 참회여시 악불선업   이시행자   문차어

已하고 問空中聲하되 我今何處 行懺悔法하리잇고
이   문공중성   아금하처 행참회법

時空中聲하되 卽說是語하리라
시공중성   즉설시어

釋迦牟尼佛을 名毘盧遮那 遍一切處니라
석가모니불 명비로자나 변일체처

어서 그 몸과 마음으로 하여금 자연히 환희하게 하시고 큰 자비를 일으켜 널리 일체를 생각하게 하셨느니라.
그때 모든 부처님께서 행자를 위하여 널리 큰 자비와 희사의 법을 설하시며, 또한 애어를 가르치시고 여섯 가지의 화합하고 공경하는 법을 닦게 하셨느니라.

그때 행자는 이 교칙을 듣고 나서 마음이 크게 환희하여 또다시 외우고 익히되 마침내 게으르고 쉬는 일이 없었느니라. 허공에서 다시 미묘한 음성으로 이와 같이 말씀하되, '너는 지금 마땅히 몸과 마음을 참회하라. 몸은 살생·도둑질·음행을 하고 마음은 모든 착하지 못한 일을 생각하여 열 가지의 악업과 다섯 가지의 무간지옥을 짓는 것이, 마치 원숭이가 이리저리로 뛰어다니듯 하며 또한 아교와 같이 곳곳마다 탐착해서 두루 일체의 육정근 속에 이르느니라. 이 육근의 업이 가지·꽃·잎이 되어 모두 삼계의 이십오유 일체가 나는 곳에 가득 찼느니라.
또한 능히 무명·노·사 등 십이인연의 괴로운 일을 더욱 자라게 해서 여덟 가지의 삿됨과 여덟 가지의 환난을 거치지 않을 수 없느니라.
너는 지금 마땅히 이와 같은 악과 착하지 못한 업을 참회할지니라.'
그때 행자는 이 말씀을 듣고 나서 허공을 향하여 묻되,
'저는 지금 어느 곳에 참회법을 행하오리까.'
이때 허공에서 소리가 나되, 이와 같은 말을 설하리라.
'석가모니 부처님을 비로자나변일체처라고 이름하느니라.

其佛住處를 名常寂光이니라 常波羅蜜의 所攝成處와 我波
기 불 주 처　명 상 적 광　　　 상 바 라 밀　　소 섭 성 처　　아 바
羅蜜의 所安立處와 淨波羅蜜의 滅有相處와 樂波羅蜜의
라 밀　소 안 립 처　 정 바 라 밀　 멸 유 상 처　 낙 바 라 밀
不住身心相處와 不見有無諸法相處와 如寂解脫과 乃至
부 주 신 심 상 처　 불 견 유 무 제 법 상 처　　여 적 해 탈　　내 지
般若波羅蜜이니라
반 야 바 라 밀
是色常住法故로 如是應當觀十方佛이니라
시 색 상 주 법 고　 여 시 응 당 관 시 방 불
時十方佛이 各伸右手하사 摩行者頭하시고 作如是言하시되
시 시 방 불　각 신 우 수　　마 행 자 두　　　작 여 시 언
善哉善哉라 善男子여 汝今讀誦大乘經故로 十方諸佛이
선 재 선 재　 선 남 자　 여 금 독 송 대 승 경 고　 시 방 제 불
說懺悔法이시니라
설 참 회 법
菩薩所行은 不斷結使하고 不住使海니라
보 살 소 행　부 단 결 사　　　부 주 사 해
觀心無心하니 從顚倒想起라 如此想心은 從妄想起라 如空
관 심 무 심　 종 전 도 상 기　 여 차 상 심　 종 망 상 기　 여 공
中風 無依止處하여 如是法相도 不生不滅이라 何者是罪며
중 풍 무 의 지 처　　 여 시 법 상　 불 생 불 멸　　 하 자 시 죄
何者是福이뇨 我心自空하면 罪福無主라 一切諸法皆亦如
하 자 시 복　 아 심 자 공　　 죄 복 무 주　 일 체 제 법 개 역 여
是하여 無住無壞니라
시　　무 주 무 괴
如是 懺悔하면 觀心無心하고 法不住法中이니 諸法解脫이며
여 시　참 회　　 관 심 무 심　　 법 부 주 법 중　　제 법 해 탈

그 부처님의 머무르시는 곳을 상적광이라 하느니라. 상바라밀에 섭성되어 있는 곳, 아바라밀에 안립되어 있는 곳, 정바라밀의 유상을 멸하는 곳, 낙바라밀의 몸과 마음의 상에 머무르지 않는 곳, 유와 무의 제법의 상을 보지 않는 곳, 여적해탈과 반야바라밀이니라.
이 색은 상주의 법인 까닭으로 이와 같이 마땅히 시방의 부처님을 관할지니라.'

이때 시방의 부처님께서 각각 오른손을 펴서 행자의 머리를 어루만지시며 이와 같이 말씀하시되, '착하고 착하다, 선남자야, 네가 지금 대승경전을 읽고 외우는 까닭에 시방의 모든 부처님께서 참회의 법을 설하시느니라.
보살의 행할 바는 결사를 끊지 않고 사해에 머무르지 않느니라.
마음을 관함에 마음이 없으니 뒤바뀐 생각에서 일어남이라. 이와 같은 생각의 마음은 망상으로부터 일어나느니라. 허공의 바람이 의지할 곳이 없는 것과 같이 이와 같은 법상도 나지도 않고 멸하지도 않느니라. 어떤 것이 죄이며, 어떤 것이 복이뇨. 내 마음이 스스로 공하면 죄도 복도 주인이 없음이라. 일체의 법이 이와 같아서 머무르지도 않고 무너지지도 않느니라.
이와 같이 참회하면 마음을 관함에 마음이 없고, 법도 법 가운데에 머무르지 않으니, 모든 법은 해탈이며 멸제이며 적정

滅諦寂靜이라 如是想者를 名大懺悔라하며 名大莊嚴懺悔라
멸제적정   여시상자   명대참회   명대장엄참회
하며 名無罪相懺悔라하며 名破壞心識이라하느니라 行此懺悔
    명무죄상참회   명파괴심식   행차참회
者는 身心淸淨하여 不住法中이 猶如流水니 念念之中에도
자   신심청정   부주법중   유여유수   염념지중
得見普賢菩薩及十方佛하리라
득견보현보살급시방불
時諸世尊이 以大悲光明으로 爲於行者하여 說無相法하시리라
시제세존   이대비광명   위어행자   설무상법
行者聞說第一義空하리니
행자문설제일의공
行者聞已하고 心不驚怖하고 應時卽入菩薩正位니라
행자문이   심불경포   응시즉입보살정위
佛告阿難하시되
불고아난
如是行者를 名爲懺悔니라 此懺悔者는 十方諸佛諸大菩薩이
여시행자   명위참회   차참회자   시방제불제대보살
所行懺悔法이니라
소행참회법
佛告阿難하시되
불고아난
佛滅度後에 佛諸弟子가 若有懺悔 惡不善業이어든 但當讀
불멸도후   불제제자   약유참회 악불선업   단당독
誦大乘經典이니라 此方等經은 是諸佛眼이니 諸佛因是得具
송대승경전   차방등경   시제불안   제불인시득구
五眼이시라
오안

이라. 이와 같은 상을 이름하여 대참회라 하며 또는 이름하여 대장엄참회라 하며 또는 이름하여 무죄상참회라 하며 또는 이름하여 파괴심식이라 하느니라. 이러한 참회를 행하는 자는 몸과 마음이 청정해서 법 가운데에 머무르지 아니함이 마치 흐르는 물과 같으니, 순간순간 사이에도 보현보살과 시방의 부처님을 친견하리라.'
이때 모든 세존께서 대비 광명으로써 행자를 위하여 무상의 법을 설하시리라.
행자는 제일의 공을 설하시는 것을 들으리니, 행자는 듣고서 마음에 놀라거나 두려워하지 않고, 때가 오면 곧 보살의 정위에 드느니라."

부처님께서 아난에게 말씀하시되,
"이와 같이 행하는 것을 이름하여 참회라 하느니라. 이 참회는 시방의 모든 부처님과 모든 대보살이 행하신 참회법이니라."

부처님께서 아난에게 말씀하시되,
"부처님이 멸도하신 후 부처님의 모든 제자가 만일 악하고 착하지 못한 업장이 있어 참회하려거든 다만 대승경전을 읽고 외울지니라. 이 방등경은 모든 부처님의 눈이니, 모든 부처님은 이것으로 인하여 오안을 갖추셨느니라.

佛三種身은 從方等生이라 是大法印이니 印涅槃海니라 如此
불삼종신 종방등생 시대법인 인열반해 여차
海中에서 能生三種佛淸淨身이어늘 此三種身은 人天福田이니
해중 능생삼종불청정신 차삼종신 인천복전
應供中最니라
응공중최

其有讀誦大乘方等經典하면 當知하라 此人具佛功德하고
기유독송대승방등경전 당지 차인구불공덕
諸惡永滅하고 從佛慧生이니라
제악영멸 종불혜생

爾時世尊이 而說偈言하셨다
이시세존 이설게언

若有眼根惡하여　業障眼不淨하면
약유안근악　　　업장안부정
但當誦大乘하고　思念第一義니라
단당송대승　　　사념제일의
是名懺悔眼하여　盡諸不善業이니라
시명참회안　　　진제불선업
耳根聞亂聲하고　壞亂和合義라
이근문란성　　　괴란화합의
由是起狂亂하니　猶如癡猿猴라
유시기광란　　　유여치원후
但當誦大乘하고　觀法空無相하며
단당송대승　　　관법공무상
永盡一切惡하고　天耳聞十方하라
영진일체악　　　천이문시방
鼻根著諸香하여　隨染起諸觸하나니
비근착제향　　　수염기제촉

부처님의 삼종신은 방등에서 나왔느니라. 이는 대법인이니 열반해에 깊이 새겨져 있느니라. 이와 같이 바다 가운데서 능히 삼종의 청정한 부처님의 몸이 나왔거늘, 이 삼종신은 인간과 하늘의 복전이니 응공중에 가장 으뜸이니라.
그 대승방등경전을 읽고 외우면 마땅히 알라, 이 사람은 부처님의 공덕을 갖추고 모든 악을 영원히 멸하고 부처님의 지혜로부터 나왔느니라."
그때 세존께서 게송으로 말씀하셨다.

만일 안근의 악이 있어 눈이 업장으로 맑지 않거든
마땅히 다만 대승을 외우고 제일의를 생각하고 염할지니라.
이것을 눈을 참회하여 모든 착하지 못한 업장을 다한다고 하느니라.

이근은 어지러운 소리를 듣고 화합의 뜻을 무너뜨려 어지럽게 하느니라.
이로 말미암아 광란의 마음을 일으키게 하니 마치 어리석은 원숭이와 같으니라.
다만 마땅히 대승을 외우고 법이 공하여 상이 없음을 관하며
영원히 일체의 악을 다 여의고 천이로써 시방의 소리를 들으라.

비근은 모든 향기에 집착하여 물들음에 따라서 온갖 촉을 일으키나니

如此狂惑鼻는 隨染生諸塵이라
여차광혹비 수염생제진

若誦大乘經하고 觀法如實際하면
약송대승경 관법여실제

永離諸惡業하고 後世不復生이니라
영리제악업 후세불부생

舌根起五種의 惡口不善業하나니
설근기오종 악구불선업

若欲自調順하면 應勤修慈心하여
약욕자조순 응근수자심

思法眞寂義하여 無諸分別相이니라
사법진적의 무제분별상

心根如猿猴하여 無有暫停時니
심근여원후 무유잠정시

若欲折伏者는 當勤誦大乘하고
약욕절복자 당근송대승

念佛大覺身과 力無畏所成이니라
염불대각신 역무외소성

身爲機關主라 如塵隨風轉이라
신위기관주 여진수풍전

六賊遊戲中하되 自在無罣礙라
육적유희중 자재무괘애

若欲滅此惡하고 永離諸塵勞하여
약욕멸차악 영리제진노

常處涅槃城하여 安樂心澹泊이면
상처열반성 안락심담박

當誦大乘經하여 念諸菩薩母니라
당송대승경 염제보살모

이와 같이 어지럽고 미혹한 코는 물들음에 따라서 모든 티끌을 나게 하느니라.
만일 대승경을 외우고 법의 궁극을 관하면
영원히 모든 악업을 여의고 후세에 다시 나지 않으리라.

설근은 다섯 가지 악한 말과 착하지 못한 업장을 일으키나니
만일 스스로 조순하려고 하면 응당 부지런히 자비심을 닦아서
법의 참된 적멸의 뜻을 생각하여 모든 분별의 상을 없게 할지니라.

심근은 원숭이와 같아서 잠시도 쉬는 때가 없나니
만일 조복하고자 하면 응당 부지런히 대승을 외우고
부처님의 크게 깨달으신 몸과 역·무외로 성취하시는 바를 염할지니라.

몸은 기관의 주인이라 티끌이 바람을 따라 구르는 것과 같아서
육적 가운데서 유희하되 자재하여 걸림이 없느니라.
만일 이 악을 멸하고 영원히 모든 번뇌를 떠나
항상 열반성에 처해서 안락하여 마음이 담박하고자 하면
마땅히 대승경을 외워서 모든 보살의 어머니를 염할지니라.

無量勝方便은 從思實相得이니라
무 량 승 방 편　　종 사 실 상 득

如此等六法을 名爲六情根이니라
여 차 등 육 법　　명 위 육 정 근

一切業障海는 皆從妄想生이라
일 체 업 장 해　　개 종 망 상 생

若欲懺悔者는 端坐念實相하라
약 욕 참 회 자　　단 좌 념 실 상

衆罪如霜露하여 慧日能消除니라
중 죄 여 상 로　　혜 일 능 소 제

是故應至心으로 懺悔六情根이니라
시 고 응 지 심　　참 회 육 정 근

說是偈已하시고　佛告阿難하시되
설 시 게 이　　　 불 고 아 난

汝今持是 懺悔六根 觀普賢菩薩法하여
여 금 지 시　참 회 육 근　관 보 현 보 살 법

普爲十方諸天世人하여 廣分別說하라
보 위 시 방 제 천 세 인　　광 분 별 설

佛滅度後에 佛諸弟子가 若有受持 讀誦解說 方等經典하면
불 멸 도 후　 불 제 제 자　약 유 수 지 독 송 해 설 방 등 경 전

應於靜處나 若在塚間이나 若林樹下나 阿練若處에서 讀誦
응 어 정 처　약 재 총 간　 약 림 수 하　 아 련 야 처　　독 송

方等하고 思大乘義하라
방 등　　 사 대 승 의

念力强故로 得見我身 及多寶佛塔과 十方分身無量諸佛과
염 력 강 고　득 견 아 신　급 다 보 불 탑　시 방 분 신 무 량 제 불

普賢菩薩 文殊師利菩薩 藥王菩薩 藥上菩薩하리라
보 현 보 살　문 수 사 리 보 살　약 왕 보 살　약 상 보 살

한량없이 뛰어난 방편은 실상을 생각하는 데서 얻느니라.
이와 같은 등의 여섯 가지 법을 이름하여 육정근이라 하느니라.

일체 바다와 같은 업장은 모두가 망상에서 생겨남이라
만일 참회하고자 하면 단정히 앉아서 실상을 생각하라.
뭇 죄는 서리나 이슬과 같아서 지혜의 빛이 능히 녹이느니라.
그러므로 마땅히 지극한 마음으로 육정근을 참회할지니라.

이 게송을 설하시고 나서 부처님께서 아난에게 말씀하셨다.
"너는 지금 이 육근을 참회하고 보현보살을 관하는 법을 가져서 널리 시방의 모든 하늘과 세상 사람을 위하여 널리 분별하여 설하라.
부처님이 멸도하신 후 부처님의 모든 제자가 방등경전을 받아 지니고 읽고 외우며 해설하려고 하면, 마땅히 고요한 곳이거나 혹은 무덤 사이거나 혹은 나무 밑이거나 아련야에서 방등을 읽고 외우고 대승의 뜻을 생각할지니라.
생각하는 힘이 굳센 까닭으로 나의 몸과 다보불탑과 시방에 몸을 나누신 한량없는 모든 부처님과 보현보살과 문수사리보살과 약왕보살과 약상보살을 친견하게 되리라.

恭敬法故로 持諸妙華하고 住立空中하여 讚歎恭敬 行持法
공경법고　지제묘화　　주립공중　　찬탄공경　행지법
者하리라 但誦大乘方等經故로 諸佛菩薩이 晝夜供養是持
자　　　단송대승방등경고　　　제불보살　주야공양시지
法者니라
법자

佛告阿難하시되
불고아난

我與賢劫諸菩薩 及十方諸佛이 因思大乘眞實義故로
아여현겁제보살　급시방제불　　인사대승진실의고
除却百萬億 阿僧祇劫 生死之罪니라
제각백만억　아승기겁　생사지죄
因此勝妙 懺悔法故로 今於十方 各得爲佛이니라
인차승묘　참회법고　금어시방　각득위불
若欲疾成 阿耨多羅三藐三菩提者가 若欲現身見十方佛
약욕질성　아뇩다라삼먁삼보리자　　약욕현신견시방불
及普賢菩薩하면 當淨澡浴하고 著淨潔衣하고 燒衆名香하고
급보현보살　　　당정조욕　　　착정결의　　　소중명향
在空閑處하여 應當讀誦 大乘經典하고 思大乘義니라
재공한처　　　응당독송　대승경전　　　사대승의

佛告阿難하시되
불고아난

若有衆生 欲觀普賢菩薩者는 當作是觀이니라
약유중생　욕관보현보살자　　당작시관
作是觀者를 是名正觀이요 若他觀者는 是名爲邪觀이니라
작시관자　　시명정관　　　약타관자　　시명위사관
佛滅度後에 佛諸弟子가 隨順佛語하여 行懺悔者는 當知하라
불멸도후　　불제제자　　수순불어　　　행참회자　　당지

법을 공경하는 까닭에 여러 가지 묘한 꽃을 가지고 허공에 머물러 서서 법을 행하고 지니는 자를 찬탄하고 공경하리라.
다만 대승의 방등경을 외우는 까닭으로 모든 부처님과 보살이 밤낮으로 이 법 지니는 자를 공양하시느니라."

부처님께서 아난에게 말씀하셨다.
"나의 현겁의 모든 보살과 시방의 모든 부처님이 대승의 진실한 뜻을 생각하는 인연으로 백만억 아승기겁의 생사의 죄를 제거하였느니라.
이 뛰어나고 미묘한 참회법에 의한 까닭으로 지금 시방에서 각각 부처를 이루었느니라.
만일 속히 아뇩다라삼먁삼보리를 이룩하고자 하는 자가 만일 현세의 몸으로 시방의 부처님과 보현보살을 친견하고자 하면, 마땅히 깨끗이 목욕하고 정결한 옷을 입고 뭇 이름난 향을 사르고 고요한 곳에서 응당 대승경전을 읽고 외우고 대승의 뜻을 생각할지니라."

부처님께서 아난에게 말씀하셨다.
"만일 중생이 보현보살을 보고자 하는 자는 마땅히 이와 같이 관할지니라.
이와 같이 관하는 것을 정관이라 하고, 만일 다르게 관하는 것을 사관이라 이름하느니라.
부처님께서 멸도하신 후 부처님의 모든 제자로서 부처님 말씀에 수순하여 참회를 행하려는 자는 마땅히 알라.

是人行普賢行이리니
시인행보현행

行普賢行者는 不見惡相 及惡業報니 其有衆生이 晝夜六
행보현행자 불견악상 급악업보 기유중생 주야육

時로 禮十方佛하고 誦大乘經하며 思第一義 甚深空法하면
시 예시방불 송대승경 사제일의 심심공법

一彈指頃에 除去百萬億 阿僧祇劫 生死之罪니라
일탄지경 제거백만억 아승기겁 생사지죄

行此行者는 眞是佛子니라
행차행자 진시불자

從諸佛生하니 十方諸佛 及諸菩薩이 爲其和上하여 是名具
종제불생 시방제불 급제보살 위기화상 시명구

足菩薩戒者리라 不須羯磨라도 自然成就하여 應受一切 人
족보살계자 불수갈마 자연성취 응수일체 인

天供養이니라
천공양

爾時行者가 若欲具足 菩薩戒者하면 應當合掌하고
이시행자 약욕구족 보살계자 응당합장

在空閑處하여 遍禮十方佛하고 懺悔諸罪하고 自說己過하고
재공한처 변례시방불 참회제죄 자설기과

然後靜處에서 白十方佛하되 而作是言하라
연후정처 백시방불 이작시언

諸佛世尊이 常住在世니 我業障故로 雖信方等이나 見佛不
제불세존 상주재세 아업장고 수신방등 견불불

了니이다 今歸依佛하옵나니 唯願釋迦牟尼正遍知世尊은
료 금귀의불 유원석가모니정변지세존

爲我和上하소서 文殊師利 具大慧者여 願以智慧로 授我淸
위아화상 문수사리 구대혜자 원이지혜 수아청

이 사람은 보현의 행을 행하는 것이니라.

보현의 행을 행하는 자는 악한 상과 악한 업보를 보지 않느니라. 그 중생이 밤낮으로 육시에 시방의 부처님께 예배하고 대승경을 외우며 제일의 심히 깊은 공의 법을 생각하면,

손가락 한 번 튕기는 사이에 백만억 아승기겁의 생사의 죄를 제거하느니라.

이 행을 행하는 자는 참된 부처님의 아들이니라.

모든 부처님으로부터 나왔으니 시방의 모든 부처님과 모든 보살이 그를 위해 화상이 되며, 이를 보살계를 구족한 자라 이름하느니라. 갈마를 하지 않아도 자연히 성취되어 일체의 인간과 천상에게 공양을 받을지니라.

그때 행자가 만일 보살계를 받고자 하면 마땅히 합장하고 한가한 곳에서 시방의 부처님께 두루 예배하고 모든 죄를 참회하고 스스로 자기의 허물을 말한 후에 고요한 곳에서 시방의 부처님께 말씀하되 이와 같이 말하라.

'모든 부처님 세존께서 항상 세간에 머물러 계시지만 저의 업장으로 비록 방등을 믿사오나 부처님을 분명히 친견하지 못하나이다. 지금 부처님께 귀의하옵나니, 오직 원컨대 석가모니 정변지·세존께서는 저의 화상이 되어주소서.

큰 지혜를 갖추신 문수사리여, 원하옵나니 지혜로써 저에게

淨諸菩薩法하소서
정제보살법

彌勒菩薩勝大慈日이여 憐愍我故로 亦應聽我受菩薩法하소서
미륵보살승대자일　　　연민아고　　역응청아수보살법

十方諸佛은 現爲我證하소서
시방제불　현위아증

諸大菩薩은 各稱其名하시고 是勝大士는 覆護衆生하고
제대보살　각칭기명　　　시승대사　부호중생

助護我等하소서
조호아등

今日受持方等經典하나이다 乃至失命이라도 設墮地獄하여
금일수지방등경전　　　　내지실명　　　설타지옥

受無量苦라도 終不毀謗諸佛正法하리다
수무량고　　종불훼방제불정법

以是因緣功德力故로 今釋迦牟尼佛은 爲我和上하소서
이시인연공덕력고　　금석가모니불　　위아화상

文殊師利는 爲我阿闍梨하소서 當來彌勒은 願授我法하소서
문수사리　위아아사리　　　　당래미륵　원수아법

十方諸佛은 願證知我하소서 大德諸菩薩은 願爲我伴하소서
시방제불　원증지아　　　　대덕제보살　원위아반

我今依大乘經典 甚深妙義하여 歸依佛하나이다 歸依法하나이다
아금의대승경전 심심묘의　　　귀의불　　　　귀의법

歸依僧하나이다 如是三說이니라 歸依三寶已하고 次當自誓하여
귀의승　　　　여시삼설　　　　귀의삼보이　　차당자서

受六重法이니라 受六重法已하고 次當勤修하여 無礙梵行하라
수육중법　　　수육중법이　　　차당근수　　무애범행

發廣濟心하고 受八重法이니라 立此誓已하고 於空閑處에서
발광제심　　수팔중법　　　　입차서이　　어공한처

청정한 모든 보살의 법을 가르쳐 주옵소서.
수승하고 큰 자비심이 해와 같으신 미륵보살이시여, 저를 불쌍히 여기시어 제가 보살의 법을 받는 것을 허락해 주옵소서.
시방의 모든 부처님께서는 나타나시어 저를 위하여 증명해 주옵소서.
모든 대보살은 각각 그의 이름을 부르시고, 이 뛰어난 대사께서는 중생을 널리 지키시고 저를 도우사 지켜주옵소서.
오늘 방등경전을 받아 지니옵니다. 지금부터 목숨을 잃을지라도 설령 지옥에 떨어져 한량없는 고통을 받을지라도 끝까지 모든 부처님의 정법을 헐거나 비방하지 않겠나이다.

이 인연과 공덕의 힘으로써 지금 석가모니 부처님께서는 저의 화상이 되어 주시옵소서.
문수사리께서는 저의 아사리가 되어 주시옵소서.
당래의 미륵께서는 원컨대 저에게 법을 가르쳐 주시옵소서.
시방의 모든 부처님께서는 원컨대 저를 증명하시어 알게하여 주시옵소서. 대덕이신 모든 보살께서는 원컨대 저의 도반이 되어 주시옵소서.
제가 지금 대승경전의 심히 깊고 묘한 뜻에 의하여 부처님께 귀의하나이다. 법에 귀의하나이다. 스님들께 귀의하나이다.'
이와 같이 세 번 말하라.
삼보에 귀의하고 나서는 마땅히 스스로 맹세하여 육중의 법을 받을지니라. 육중의 법을 받고 나서 마땅히 부지런히 닦아 무애의 맑은 행을 할지니라.
널리 중생을 건지려는 마음을 일으키고 팔중의 법을 받을

燒衆名香하고 散華供養하여 一切諸佛及諸菩薩 大乘方等
소 중 명 향　　　　산 화 공 양　　　　일 체 제 불 급 제 보 살　대 승 방 등
하고 而作是言하라
　　　이 작 시 언
我於今日發菩提心하오니 以此功德으로 普度一切이리이다
아 어 금 일 발 보 리 심　　　　이 차 공 덕　　　보 도 일 체
作是語已하고 復更頂禮 一切諸佛 及諸菩薩하고 思方等義하라
작 시 어 이　　　부 갱 정 례 일 체 제 불 급 제 보 살　　사 방 등 의
一日乃至三七日을 若出家在家이나 不須和上하고
일 일 내 지 삼 칠 일　　약 출 가 재 가　　　불 수 화 상
不用諸師하고 不白羯磨라도 受持讀誦 大乘經典力故로
불 용 제 사　　　불 백 갈 마　　　수 지 독 송 대 승 경 전 력 고
普賢菩薩이 助發行故니라
보 현 보 살　 조 발 행 고
是十方諸佛의 正法眼目이라
시 시 방 제 불　정 법 안 목
因由是法하여 自然成就五分法身 戒定慧解脫 解脫知見
인 유 시 법　　　자 연 성 취 오 분 법 신　계 정 혜 해 탈　해 탈 지 견
이니라 諸佛如來는 從此法生하며 於大乘經 得受記莂이라
　　　　제 불 여 래　　 종 차 법 생　　　어 대 승 경 득 수 기 별
是故智者若聲聞人이 毀破三歸 及五戒八戒 比丘戒 比
시 고 지 자 약 성 문 인　훼 파 삼 귀 급 오 계 팔 계　비 구 계　비
丘尼戒 沙彌尼 沙彌尼戒 式叉摩尼戒 及諸威儀하고 愚癡
구 니 계　사 미 계　사 미 니 계　식 차 마 니 계 급 제 위 의　　우 치
不善하며 惡邪心故로 多犯諸戒及威儀法이나 若欲除滅하여
불 선　　　악 사 심 고　　다 범 제 계 급 위 의 법　　　약 욕 제 멸
令無過患이어든 還爲比丘하여 具沙門法하여 當勤修讀 方等
영 무 과 환　　　　환 위 비 구　　　구 사 문 법　　　당 근 수 독 방 등

니라. 이 맹세를 세우고 나서 한가한 곳에서 여러 가지 이름 난 향을 사르고 꽃을 흩어서 일체의 모든 부처님과 모든 보살 과 대승방등을 받들어 공양하고 이와 같이 말하라.
'제가 오늘 보리심을 일으키오니, 이 공덕으로 널리 일체를 제도하오리다.'
이 말을 마치고 나서 또다시 일체의 모든 부처님과 모든 보살 에게 머리를 숙여 예배하고 방등의 뜻을 생각하라.

하루로부터 삼칠일 동안 출가이거나 재가이거나 화상을 모시지 않고 모든 스승을 모시지 않고 갈마를 설하지 않더라도, 대승경전을 받아 지니고 읽고 외우는 힘으로써 보현보살이 도와서 발심하여 행하게 하느니라.
이는 시방 모든 부처님의 정법의 안목이라, 이 법으로 인해서 자연히 오분법신인 계·정·혜·해탈·해탈지견을 성취하느니라.
모든 부처님 여래는 이 법에서 나왔으며, 대승경에서 기별을 받았느니라.
이런 까닭에 지혜 있는 자 혹은 성문이 삼귀의와 오계·팔계·비구계·비구니계·사미계·사미니계·식차마니계와 모든 위의를 헐어 파괴하고, 어리석고 착하지 못하며 악하고 삿된 마음 때문에 모든 계와 위의의 법을 많이 범하였으나, 만일 허물과 환난을 제하고 멸하여 없애려거든 다시 비구가

經典하여 思第一義 甚深空法하고 令此空慧로 與心相應이니라
경전   사제일의심심공법   영차공혜 여심상응

當知하라 此人於念念頃에 一切罪垢를 永盡無餘라 是名具
당지   차인어념념경 일체죄구 영진무여 시명구

足沙門法戒하여 具諸威儀니 應受人天 一切供養이니라
족사문법계   구제위의 응수인천 일체공양

若優婆塞가 犯諸威儀하면 作不善事라 作不善事者는 所謂
약우바새 범제위의   작불선사 작불선사자 소위

論說佛法過惡하며 論說四衆所犯惡事하고 偸盜婬妷이라도
논설불법과악   논설사중소범악사   투도음질

無有慚愧라
무유참괴

若欲懺悔 滅諸罪者면 當勤讀誦 方等經典하고 思第一義니라
약욕참회 멸제죄자 당근독송 방등경전   사제일의

若王者 大臣婆羅門 居士 長者宰官의 是諸人等이 貪求
약왕자 대신바라문 거사 장자재관 시제인등 탐구

無厭하고 作五逆罪하고 謗方等經하면 具十惡業이라 是大惡
무염   작오역죄   방방등경   구십악업   시대악

報로 應墮惡道함이 過於暴雨이듯 必定當墮阿鼻地獄하리라
보 응타악도   과어폭우   필정당타아비지옥

若欲除滅此業障者면 應生慚愧하고 改悔諸罪니라
약욕제멸차업장자 응생참괴   개회제죄

佛言하시되
불언

云何名刹利居士 懺悔法고 懺悔法者는 但當正心 不謗三
운하명찰리거사 참회법 참회법자 단당정심 불방삼

寶하며 不障出家하며 不爲梵行人 作惡留難하며 應當繫念
보   부장출가   불위범행인 작악류난   응당계념

되어 사문의 법을 갖추어 마땅히 부지런히 닦고 방등경전을 읽어 제일의와 심히 깊은 공의 법을 생각하고 이 공의 평등지혜로 하여금 마음과 상응해야 하느니라.
마땅히 알라, 이 사람은 순간순간에 일체 죄의 때를 영원히 다하여 남음이 없음이라. 이것을 사문의 법계를 구족하여 모든 위의를 갖추었다고 이름하나니, 응당 인간과 천상 일체의 공양을 받을지니라.
만일 우바새가 모든 위의를 범하면 착하지 못한 일을 지음이라. 착하지 못한 일을 짓는다는 것은 이른바 불법에 허물과 악이 있다고 설하고, 사중이 범한 악한 일을 퍼뜨려 설하며, 도둑질과 음란한 짓과 질투를 하면서도 참회하거나 부끄러워하지 않는 것이니라.
만일 참회하여 모든 죄를 멸하고자 하면 마땅히 부지런히 방등경전을 읽고 외우고 제일의를 생각할지니라.
혹은 왕이나 대신·바라문·거사·장자·재관의 이 모든 사람들이 탐내어 구하기를 싫어하지 않고 오역죄를 짓고 방등경을 비방하면 열 가지의 악업을 갖추게 되느니라. 이 큰 악의 과보로 응당 악도에 떨어짐이 폭우가 떨어지듯이 반드시 결정코 아비지옥에 떨어지리라.
만일 이 업장을 제하여 멸하고자 하면 마땅히 뉘우치고 부끄러워하며 모든 죄를 참회하여 고쳐야 하느니라."

부처님께서 말씀하셨다.
"어떻게 하는 것을 찰리·거사의 참회법이라 이름하는가. 참회하는 법이라 함은 다만 마땅히 바른 마음으로 삼보를 비방하지 않고, 출가하는 사람을 막지 않으며, 맑은 행을 행하는 사람을 위하고 박해하지 않으며, 마땅히 끊임없는 생각으로

修六念法이리니
수 육 념 법
亦當供給供養 持大乘者하며 **可必禮拜**니라 **應當憶念 甚深**
역당공급공양 지대승자 가필예배 응당억념 심심
經法 第一義空이니라 **思是法者**는 **是名刹利居士修 第一懺**
경법 제일의공   사시법자 시명찰리거사수 제일참
悔니라
회
第二懺悔者는 **孝養父母**하고 **恭敬師長**을 **是名修 第二懺悔法**
제이참회자 효양부모   공경사장 시명수 제이참회법
이니라

第三懺悔者는 **正法治國**하여 **不邪枉人民**이니라 **是名修第三**
제삼참회자 정법치국   불사왕인민   시명수제삼
懺悔니라
참 회
第四懺悔者는 **於六齋日**에 **勅諸境內**하여 **力所及處**에 **令行**
제사참회자 어육재일 칙제경내   역소급처 영행
不殺이니라 **修如此法**을 **是名修第四懺悔**니라
불살   수여차법   시명수제사참회
第五懺悔者는 **但當深信因果**하며 **信一實道**하여 **知佛不滅**이
제오참회자 단당심신인과   신일실도   지불불멸
니라 **是名修 第五懺悔**니라
  시명수 제오참회

佛告阿難하시되
불 고 아 난
於未來世에 **若有修習 如此懺悔法**하면 **當知**하라 **此人著慚**
어미래세 약유수습 여차참회법   당지   차인착참

육념법을 닦아야 하느니라.
또한 마땅히 대승을 지니는 자에게 공급하고 공양하며 반드시 예배할지니라. 마땅히 심히 깊은 경법의 제일의 공을 생각하여 기억할지니라.
이 법을 생각하는 자, 이것을 찰리·거사의 첫 번째의 참회를 닦는다고 하느니라.
두 번째의 참회라 함은 부모에게 효양하고 스승과 어른을 공경하는 것, 이것을 두 번째의 참회의 법을 닦는다고 하느니라.
세 번째의 참회라 함은 정법으로 나라를 다스려서 백성을 사도에 빠지지 않게 하는 것, 이것을 세 번째의 참회를 닦는다고 하느니라.
네 번째의 참회라 함은 육재일에는 모든 경내에 영을 내려 힘이 미치는 곳에서 살생을 하지 못하도록 할지니라. 이와 같은 법을 닦는 것을 네 번째의 참회를 닦는다고 하느니라.
다섯 번째의 참회라 함은 마땅히 인과를 깊이 믿고 일실의 도를 믿어서 부처님께서 멸하지 아니함을 알지니라.
이것을 다섯 번째의 참회를 닦는다고 하느니라."

부처님께서 아난에게 말씀하셨다.
"미래세에서 만일 이와 같은 참회의 법을 닦고 익히면 마땅히 알라.

愧服하고 諸佛護助하사 不久當成 阿耨多羅三藐三菩提하리라
괴복   제불호조   불구당성 아뇩다라삼먁삼보리

說是語時에 十千天子는 得法眼淨하고 彌勒菩薩等諸大菩
설시어시   십천천자   득법안정   미륵보살등제대보

薩 及以阿難은 聞佛所說하고 歡喜奉行하나라
살 급이아난   문불소설   환희봉행

【 佛說觀普賢菩薩行法經 終 】

이 사람은 참괴의 옷을 입고 모든 부처님의 가호와 도움을 받아서 오래지 않아 마땅히 아뇩다라삼먁삼보리를 이룩하리라."

이 말씀을 설하실 때 십천의 천자는 법안정을 얻고 미륵보살 등의 모든 큰 보살과 아난은 부처님께서 설하신 바를 듣고 환희하여 받들어 행하였다.

法華三部經

無量義經 무량의경
佛說觀普賢菩薩行法經
불설관보현보살행법경

초판발행 불기2567년(2023년) 4월 11일

발 행 인 | 석호연
발 행 처 | 도서출판 영화미소

주　　소 | 서울특별시 노원구 노원로 15길 6
전　　화 | 02-971-4426~7
팩　　스 | 02-971-2572
E-mail | junghysw@daum.net
홈페이지 | go-junghye.co.kr

ISBN 979-11-92443-08-9
정가 30,000원